ACRO
POLIS
衛城
出版

ACRO
POLIS
衛城
出版

Economics Rules

The Rights and Wrongs of the Dismal Science

經濟學好厲害

……………………如果沒有誤用的話

Dani Rodrik

丹尼．羅德里克——著　　陳信宏——譯

目次

序言與致謝

本書起源自我和昂格爾（Roberto Mangabeira Unger）在哈佛合開好幾年的一門政治經濟學課程。昂格爾以他特有的方式促使我認真思考經濟學的長處與短處，並且表述出我認為經濟方法當中有用的部分。昂格爾指出，由於經濟學放棄了亞當．斯密與馬克思那種宏大的社會理論，因此已淪為一門貧瘠而且了無新意的學科。我則是指出，經濟學的長處正是在於小規模的理論探究，亦即那種能夠釐清因果並且為社會現實提供解釋（就算只是局部解釋）的情境式思考。我對他說，懷著謙卑的態度從事一門樸素的科學，可能會比針對資本主義體系如何運作或者什麼因素決定了世界各地的富裕和貧窮找尋普遍適用的理論更加有用。我不認為我說服了他，但我希望他會發現自己的論點確實帶有一些影響。

我在二〇一三年夏季轉職普林斯頓高等研究院（Institute for Advanced Study），度過了兩年的愉快時光，終於在那裡確立了把這些想法寫成書的念頭。我的學術生涯絕大部分都是待在跨學科的環境裡，而我也認為自己就算不精通社會科學裡的不同傳統，至少也都充分接觸過。不過，這所研究院為我帶來的心智擴張體驗卻是完全不同的等級。在這所研究院裡，我接任新職的社會科學研究所以人文與詮釋性研究方式為基礎，和經濟學注重經驗研究的實證主義作風形成強烈對比。在我和所上許多客座學者交流的過程中（他們來自的領域除了經濟學以外，還包括人類學、社會學、史學、哲學以及政治學）我不禁注意到他們都對經濟學家隱隱帶有一股懷疑。在他們眼中，經濟學家如果不是陳述明白可見的事實，就是自不量力地試圖把簡單的架構套用在複雜的社會現象上。我有時候覺得，那裡僅有的少數幾名經濟學家都被視為社會科學的白癡天才：精通數學與統計學，但除此之外便沒什麼用處。

諷刺的是，我以前就看過這種態度，只是主客易位而已。待在一群經濟學家身邊，聽聽他們怎麼說社會學和人類學吧！在經濟學家眼中，其他社會科學都太軟、欠缺紀律、論述冗贅、經驗性不足，不然就是不夠熟悉經驗性分析的陷阱。經濟學家懂得怎麼思考以及怎麼獲得結果，其他人則是只會繞圈圈。所以，也許我早就該預料到其他領域的學者也會對經濟學家抱持懷疑態度。

浸淫在各種學科互相混雜的普林斯頓高等研究院裡，我得到一項出人意料的後果，就是使我對於自己身為經濟學家感到比較自在。長久以來，我一直都批評我的經濟學家同僚心胸過於狹隘、太過認真看待他們的模型，而且沒有對社會過程投以足夠的重視。不過，我覺得來自經濟學界以外的許多批評都弄錯了重點。關於經濟學家實際上在做什麼，存在著太多的錯誤資訊。此外，我也不禁認為其他社會科學當中的部分做法，可以藉由經濟學家那種對於分析論證與證據的注重而獲得改善。

然而，經濟學家對於這種狀況顯然也怪不得別人。問題不只在於他們的自滿以及他們對於看待世界的特定方式經常帶有教條式的執著，也在於經濟學家相當不善於向別人呈現自己所屬的這門科學。本書一大部分的內容即是在於展示經濟學其實涵蓋了種類眾多而且仍在持續演變中的架構，對於世界的運作各有不同的詮釋，對於公共政策也有各種不同方向的影響。不過，非經濟學家通常聽到的經濟學論點，卻似乎只是一心頌讚市場、理性與自私行為。經濟學家擅長對社會生活提出依情境而異的解釋，也就是明白描述市場（以及政府對市場的干預）如何依據特定的背景條件而在效率、公平性與經濟成長等方面造就出不同的後果。然而，經濟學家卻經常讓人覺得只會宣揚普適性經濟定律，不論背景條件而全世界一體適用。

我覺得必須要有一本書能夠銜接這道鴻溝——目標讀者包括經濟學家與非經濟學家。我要向經濟學家傳達的訊息是，他們對於自己實踐的那門科學必須提出比較好的論述。我將會提出一種不同的框架方式，凸顯在經濟學當中進行的有用工作，同時也揭露這門科學的許多施行者容易落入的陷阱。我要向非經濟學家傳達的訊息，則是在這種不同陳述之下，許多批評經濟學的標準論點就會失去效力。經濟學裡有許多值得批評之處，但也有許多值得欣賞（以及模仿）之處。

普林斯頓高等研究院在不只一個面向上，都是撰寫這本書的理想環境。由於院內有著寧靜的樹林、美味的餐點以及眾多的資源，因此的的確確是一座學者的棲身之所。Danielle Allen、Didier Fassin、Joan Scott與Michael Walzer刺激了我對經濟學的思考，並且以他們各自相異但同樣嚴謹的學術模型為我帶來啟發。我的助理Nancy Cotterman除了為我提供她效率驚人的行政協助之外，也針對我的手稿提出了有用的意見回饋。我很感謝研究院的領導團隊，尤其是院長Robbert Dijkgraaf，接納我成為這個非凡的智識社群的一員。

Andrew Wylie的引導與忠告確保了我的手稿得以找到適當的出版商，也就是W. W. Norton。在Norton出版社，Brendan Curry是一位出色的編輯，Stephanie Hiebert則是鉅細靡遺地校訂了稿件；他們兩人都在無數個面向讓本書變得更好。我要特別感謝學者Avinash Dixit，他不但體現了我在本書裡討論的經濟學家的優點，也為我提供了仔細的評論與建議。我的朋友暨共同作者Sharun Mukand與Arvind Subramanian慷慨撥出他們寶貴的時間，並以他們的構想與貢獻協助形塑了這項寫作計畫。最後，我最感激的對象仍是我的太太Pınar Doğan，她在本書的寫作過程中不斷為我提供愛與支持，也幫助我以更加清楚明白的文字闡示我對經濟概念的論述與探討。

引言
經濟觀念的運用與誤用

四十四個國家的代表在一九四四年七月齊集於新罕布夏州的布列頓森林度假村，一同建構戰後國際經濟秩序。經過三週的會議之後，他們設計了一套後來延續達三十年以上的全球體系結構。這套體系是兩位經濟學家的智力結晶：一位是英國的經濟學巨人凱因斯，另一位是美國財政部官員懷特（Harry Dexter White）。*凱因斯與懷特在許多事情上都意見分歧，尤其是在涉及國家利益的議題上。不過，他們擁有相同的心態，由兩次世界大戰之間那段時期的經歷形塑而成。他們的目的是要避免黃金本位制末期與經濟大蕭條期間的那種劇烈動盪。他們一致認為，要達成這項目標必須要有固定但偶爾可以調整的匯率；而且國際貿易必須自由化，但資本流動不行；國家的貨幣與財政政策範圍必須擴大；並且透過國際貨幣基金與國際復興暨開發銀行（也就是後來的世界銀行）這兩個新成立的國際機構強化合作。

事實證明凱因斯與懷特的體制極為成功。這套體制帶來了一段史無前例的經濟成長與穩定，不但對先進市場經濟體如此，對於數十個後來剛獨立的國家也是一樣。這套體系雖然終於在一九七〇年代期間因為凱因斯早就提出警告的投機性資金流動成長而遭到破壞，但仍是全球制度設計的標竿。後來，世界經濟每經歷一次動盪，改革者的口號都是：「建立一套新的布列頓森林體系！」

一九五二年，哥倫比亞大學經濟學家維克律（William Vickrey）為紐約市地鐵提出了一套新的定價制度。他建議在尖峰時刻以及交通量大的時段提高票價，其他時刻則降低票價。這套「擁擠定價」制度，只不過是把經濟學的供需原則應用在大眾運輸上而已。差別費率會為時間上比較有彈性的通勤者提供避開尖峰乘車時段的誘因。如此一來，乘客流量的時間分布就會比較均勻，降低運輸系統承受的壓力，甚至可望提高總乘客流量。維克律後來又為道路與汽車交通建議類似的制度。不過，許多人都認為他的構想是異想天開，實際上根本不可行。

新加坡是第一個實際測試擁擠定價制度的國家。自從一九七五年以來，新加坡的駕駛人就必須支付通行費才能進入中央商業區。這種收費方式在一九九八年由電子收費系統取代，於是也就能夠根據路網中的平均行車速度而收取不同費率。根據各方所言，這套制度減少了交通壅塞、提高了大眾交通工具使用量、降低了碳排放，而且還為新加坡政府帶來可觀的收入。這套制度的成功，促使倫敦、米蘭與斯德哥爾摩等其他大城市紛紛採取類似的做法。

一九九七年，在故鄉墨西哥擔任財政部次長的波士頓大學經濟學教授李維（Santiago Levy），打算改革墨西哥政府的反貧窮計畫。既有方案主要都是以糧食補助的方式幫助窮人。李維主張這些方案缺乏效果也欠缺效率。經濟學的一項核心要旨認為，在窮人福利方面，直接提供現金津貼會比針對特定的消費商品提供補貼更有效果。除此之外，李維也認為他能夠利用現金津貼做為改善衛生與教育成果的手段。政府會發放現金給母親，條件是這些母親必須確保子女到學校上學並且接受醫療照顧。用經濟學家的行話來說，這套方案為母親提供了對子女投資的誘因。

「進步」方案（Progresa；後來更名為「機會」方案〔Oportunidades〕，接著又改為「繁榮」方案〔Prospera〕）是第一項施行於開發中國家的大型條件式現金移轉方案。除了規劃這項方案的逐步推行之外，李維也設計了另一項巧妙的落實計畫，能夠明確評估這項方案是否有

---

* 懷特究竟是不是蘇聯間諜，是一項至今仍無定論的爭議。認為懷特是間諜的有力論據，提出於斯泰爾（Benn Steil）的《布列頓森林貨幣戰：美元如何統治世界》（*The Battle of Bretton Woods: John Maynard Keynes, Harry Dexter White, and the Making of a New World Order*, Princeton, NJ: Princeton University Press, 2013）。至於另一面的論點，見鮑頓（James M. Boughton），〈抹黑懷特：斯泰爾的布列頓森林史為何扭曲懷特的觀念？〉（"Dirtying White: Why Does Benn Steil's History of Bretton Woods Distort the Ideas of Harry Dexter White?" *Nation*, June 24, 2013）。不論事實如何，在第二次世界大戰結束後的幾十年間，國際貨幣基金與世界銀行顯然都相當有助於美國（以及西方世界其他國家）的經濟利益。

效。這一切都奠基在簡單的經濟學原則上，但是卻徹底改變了決策人士思考反貧窮計畫的方式。這項方案獲致正面結果之後，於是成為其他國家參考的樣板。包括巴西與智利在內的十幾個拉丁美洲國家，後來都推行了類似的方案。紐約市在彭博市長任內甚至也試行過一項條件式現金移轉方案。

三組經濟觀念，應用於三個不同的領域裡：世界經濟、城市交通，以及對抗貧窮。在前述的每一個案例中，經濟學家都藉著把簡單的經濟架構應用在公共問題上而改造了我們世界當中的某個部分。這些例子代表經濟學最好的一面。另外還有其他許多例子：賽局理論被用來設計電信業的頻譜電波競標方式；市場設計模型用於幫助醫界指派住院醫師的做法；產業組織模式構成競爭與反托拉斯政策的基礎；此外，總體經濟理論的近期發展也促成世界各國的中央銀行廣泛採用通貨膨脹目標政策。[1] 經濟學家如果抓對方向，世界就會變得更好。

然而，經濟學家經常失敗，正如本書當中的許多例子所示。我寫這本書，是為了試著解釋經濟學為什麼有時候會抓對方向，有時候卻不會。本書的核心由「模型」構成，也就是經濟學家用來理解世界的那種抽象架構，而且通常是數學架構。模型不但是經濟學的力量所在，也是經濟學的致命弱點；經濟學得以成為科學，也是拜模型所賜：雖然不是像量子力學或分子生物學那樣的科學，但畢竟仍是科學。

經濟學不是只有一個單一的特定模型，而是涵蓋了許多的模型。這門學科進展的方式，就是擴展模型的數量，並且改善這些模型與真實世界的吻合程度。經濟學的模型多樣性有其必要，原因是社會世界也具有極大的彈性。不同的社會環境需要不同的模型。經濟學家不太有可能會發現放諸四海皆準的通用模型。

不過，在一定程度上就是因為經濟學家以自然科學為典範，使得他們經常誤用自己的模型。他們很容易把一項模型當成定論，在所有條件下都切合需求而且可行。經濟學家必須克服這種誘惑。他們必須隨著情況的改變，或是隨著他們的目光從一個環境轉向另一個環境，而仔細挑選他們的模型。他們必須學習如何更有彈性地在不同模型之間轉換。

本書一方面頌揚經濟學，另一方面也批評經濟學。我捍衛這門學科的核心（亦即經濟模型在創造知識方面所扮演的角色），但批評經濟學家經常採取的應用做法以及對於模型的誤用。我提出的論點不是「多數觀點」。我猜想會有許多經濟學家不同意我對這門學科的看法，尤其是我對於經濟學屬於哪一種科學的觀點。

在我和許多非經濟學家以及其他社會科學的學者互動的經驗當中，外人對經濟學的看法經常令我困惑不解。他們的埋怨有許多早已廣為人知：經濟學太過簡單也太過封閉；經濟學經常提出普遍適用的主張，卻忽略文化、歷史以及其他背景條件所扮演的角色；經濟學把市場實體化；經濟學充滿許多雖未明言但隱含於其中的價值判斷；此外，經濟學也未能解釋以及預測經濟的發展。之所以會出現這些批評，主要都是因為他們未能理解到經濟學其實是眾多模型的集合，但沒有特定的意識形態傾向，也不導向某一種獨特的結論。當然，如果是經濟學家本身未能反思這個學門當中的多元性，那麼錯就是在他們身上。

必須在一開始先釐清的另一點是，「經濟學」一詞發展至今已有兩種不同的使用方式。一種定義聚焦於研究的領域；在這種解讀當中，經濟學是一門社會科學，致力於理解經濟如何運作。第二種定義聚焦於方法：經濟學是一種運用特定工具來做社會科學的方法。這種解讀把這門學科視為一套形式化模型建構與統計分析的機制，而不是針對經濟提出的特定假設或理論。因此，經濟方法可以應用在經濟以外的其他許多領域：包括家庭裡的決策乃至政治制度的問題。

我使用「經濟學」一詞，主要是採取第二種意義。我對於模型的優點與誤用所提出的所有論點，也都同樣適用於政治學、社會學或法學當中採取類似做法的研究方式。公共討論當中有一種傾向，經常把這些方法和《蘋果橘子經濟學》這類著作聯想在一起。這種由經濟學家李維特（Steven Levitt）所普及的做法，已用來闡釋各式各樣的社會現象，包括相撲選手的習慣做法乃至公立學校教師的作弊行為，方法是採用仔細的經驗分析以及奠基於誘因上的推論。[2]有些批評者認為這類著作把經濟學變得瑣屑化。這種著作捨棄了經濟學領域當中的重大問題（市場在什麼情況下會有效運作，又在什麼情況下會失靈；什麼元素會促使經濟成長；充分就業與物價穩定如何能夠調和等等），而偏好在日常生活中的平庸應用。

在本書裡，我完全把焦點集中在重大的問題上，以及經濟模型如何幫助我們回答這些問題。我們不可能期待經濟學提出一致通用的解釋，或是不論情境都能夠一體適用的處方。社會生活的可能性太過多樣化，不可能塞進獨特的架構當中。不過，每一種經濟模型都像是地圖的一部分，能夠讓我們看清一部分的地貌。整體而言，經濟學家的模型是我們最佳的認知嚮導，能夠帶領我們探索構成社會經驗的無數山丘與凹谷。

1 模型的用途

出生於瑞典的經濟學家萊永胡武德（Axel Leijonhufvud）在一九七三年發表了一篇小文章，標題為〈經濟學部落裡的生活〉。這是一篇趣味盎然的諧仿民族誌紀錄，他在其中詳細描寫了經濟學家的普遍行為、地位關係以及禁忌。萊永胡武德指出，界定「經濟學部落」的特色，就是他們深深著迷於他所謂的「摩型」：暗指簡化的數學模型，也就是經濟學家的專業工具。儘管沒有明顯可見的實際作用，但摩型愈是繁複正式，個人的地位就愈高。萊永胡武德寫道，經濟學部落對於摩型的重視，解釋了他們為什麼如此鄙視其他部落的成員，例如「社會學部落」以及「政治學部落」：因為其他那些部落不會製作摩型。*

萊永胡武德的這些話在超過四十年後的今天聽來仍然頗有道理。經濟學的訓練基本上即是由學習一系列的模型構成。在這門行業裡決定地位高低最重要的因素，大概就是發展出新模型的能力，或是以既有的模型結合新證據，用於闡釋社會現實的某些現象。最激烈的智識辯論都圍繞著這個或那個模型是否切合實際或能否適用。如果想要深深傷害一位經濟學家，只要說「你沒有模型」就行了。

經濟學家對模型引以為傲。只要待在經濟學家身邊，一定會看見印著「經濟學家和models一拍即合」的馬克杯或者T恤。（譯注：模型和模特兒的英文都是「model」）你也會感覺到許多經濟學家藉著鑽研這些數學模型所獲得的樂趣，還遠多於和現實世界的名模相約外出。（我這麼說沒有性別歧視的意思：我太太也是經濟學家，她曾經在學期末收到學生送她這麼一個馬克杯。）

對批評人士而言，經濟學家對於模型的依賴幾乎完全捕捉了這門學科的所有問題：把複雜的社會生活簡化為少數幾個簡單的關係、欣然做出明顯不真實的假設、對於數學嚴謹度的著迷超過對於真實性的重視、經常從簡化的抽象論述直接跳到政策結論。他們完全無法理解經濟學家為什麼能夠憑著紙頁上的公式，就敢於倡導自由貿易或者某一種賦稅政策。另一項指控則是主張經濟學把平凡的事物變得複雜。經濟模型把常理包裹在數學形式當中。而最嚴苛的批評者，即是選擇偏離正統的經濟學家。特立獨行的經濟學家波爾丁（Kenneth Boulding）據稱這麼說過：「數學為經濟學帶來了嚴謹度，只可惜也造成了僵化的後果。」劍橋大學經濟學家張夏准指出：「經濟學有百分之九十五都是眾所皆知的常理——只是在術語和數學的包裝下顯得艱澀不已。」[1]

實際上，經濟學家建構的那種簡單模型，對於理解社會的運作具有絕對的必要性。那些模型的簡單性、形式化，以及對真實世界許多面向的忽略，正是其價值所在。這些性質是經濟模型的特色，而不是毛病。模型之所以有用，原因就是模型反映了真實的一個面向。模型在善加使用的情況下之所以不可或缺，即是因為其中捕捉了**在特定情境下最切題的現實面向**。不同的情境（例如不同的市場、社會環境、國家、時間點等等）需要不同的模型，而經濟學家通常就是在這一點上陷入麻煩。他們經常捨棄這門學科裡最有價值的貢獻（亦即各式各樣的模型，分別針對不同的環境而設計），而致力於尋求獨一無二的通用模型。模型如果受到明智的挑選，即可為人帶來啟發。但若是受到教條性的使用，就會在政策上導致傲慢與錯誤。

各式各樣的模型

經濟學家建構模型以捕捉社會互動當中的顯著面向。這類互動通常發生於市場裡，以商品與服務為對象。經濟學家對於市場是什麼通常懷有相當廣泛的理解。買家與賣家可以是個人、企業，或者其他集體性實體。此處所謂的商品與服務可以是任何東西，包括政治職務或

* 萊永胡武德，〈經濟學部落裡的生活〉（"Life among the Econ," *Western Economic Journal* 11, no. 3（September 1973）: 327）。這篇文章發表之後，使用模型的做法在其他社會科學當中已變得比較常見，尤其是在政治學裡。

地位在內，儘管這些東西並沒有市場價格。市場可以是地方性、區域性、國家性或者國際性的；市場可以是實體的組織，例如一座露天市集，也可以是虛擬的安排，例如遠距商務。傳統上，經濟學家關注的是市場如何運作：市場對於資源的運用有沒有效率？市場能不能改善，如果可以的話又該怎麼改善？交易帶來的獲利怎麼分配？不過，經濟學家也利用模型闡釋別種組織制度的運作，例如學校、工會、政府。

然而，經濟模型是什麼？理解經濟模型最簡單的方式，就是將其視為一種簡化，藉著把特定機制和其他造成干擾的效應區分開來，以呈現出這種機制的運作方式。模型把焦點集中在特定肇因上，試圖顯示那些肇因如何影響整套系統。模型建構者建立出一個人造世界，在整體當中的局部揭露特定種類的關係：如果是看著複雜紛亂的真實世界，這些關係可能難以辨識出來。經濟學的模型和醫生或建築師使用的實體模型並無不同。你在內科醫師診間可能會看到的呼吸系統模型，只把焦點集中在肺部的細節，排除了人體的其他部位。建築師可能會建構一個模型呈現一棟住宅周遭的環境，並以另一個模型展現那棟住宅內部的格局。經濟學家的模型與此類似，只不過不是實體建構物，而是利用文字和數學進行象徵性的運作。

經濟學最歷久彌新的模型，就是只要上過經濟學入門課程的人都熟知的供需模型，也就是由一條下斜的需求曲線和一條上揚的供給曲線交叉，縱橫兩軸則是價格與數量。*這個模型當中的人造世界，是經濟學家所謂的「完全競爭市場」，其中存在著為數眾多的消費者與生產者。這些消費者與生產者全都追逐著自己的經濟利益，也都沒有能力影響市場價格。這個模型排除了許多因素：諸如人擁有物質以外的動機、理性經常受到情感或錯誤的認知捷徑所蒙蔽，以及某些生產者能夠採取獨占式經營等等。不過，這個模型確實闡明了真實世界裡的市場經濟當中的部分簡單運作。

其中有些運作明顯可見。舉例而言，生產成本提高會導致市場價格上升，從而減少需求與供給的數量。換個方法來說，能源價格一旦上漲，水電瓦斯費就會提高，於是家庭自然會設法節省暖氣和電力的使用量。不過，另外有些運作就不是這麼明顯可見。舉例而言，對一件商品的生產者或消費者課稅，並不表示受到課稅的對象就是實際上負擔那筆稅金的人。政府也許是對石油公司課稅，但油價可能因此上漲，導致真正支付稅金的人是消費者。或者，政府也有可能採取銷售稅的形式對使用者課稅，但石油公司卻被迫必須藉著降價吸收這些稅金。這一切都取決於供給與需求的「價格彈性」。只要再添加一些額外的假設（後續會再進

* 兩條曲線交叉的供需圖形顯然在一八三八年首度出現於印刷品當中，在法國經濟學家古諾（Antoine-Augustin Cournot）的一部著作裡。今天，古諾較為人知的成就是他對雙頭寡占的研究，供需圖形通常被認為出自馬歇爾（Alfred Marshall）出版於一八九〇年的那本熱門教科書。見亨弗瑞（Thomas M. Humphrey），〈馬歇爾交叉圖以及這種圖形在馬歇爾之前受到的使用：供需幾何圖形的起源〉（"Marshallian Cross Diagrams and Their Uses before Alfred Marshall: The Origins of Supply and Demand Geometry," *Economic Review*（Federal Reserve Bank of Richmond）, March/April 1992, 3–23）。

一步談及這一點），供需模型也能夠對市場運作的良好程度提出相當強烈的暗示，尤其是競爭市場經濟所謂的效率，即是達到提高一個人的福祉就不可能不減損另一個人福祉的境界。（經濟學家稱之為「柏雷托效率」〔Pareto efficiency〕。）

接下來，想想另一個非常不一樣的模型，稱為「囚徒困境」。這個模型源自於數學家的研究，卻是經濟學許多當代研究的基石。在這種模型的典型樣態當中，兩名囚徒只要有其中一人認罪，兩人就都會遭到懲罰。且讓我們把這個模型呈現為一個經濟學問題。假設有兩家互相競爭的企業，必須決定是否該投入龐大的廣告預算。廣告可讓一家企業搶走另一家企業的部分顧客，可是，兩家企業如果同時打廣告戰，對於顧客需求的影響效果就會互相抵銷。如此一來，這兩家企業即是毫無必要地多花了廣告費。

我們也許會預期這兩家企業都不會選擇投注太多錢在廣告上，可是囚徒困境模型卻顯示這樣的推理並不正確。這兩家企業一旦各自獨立做選擇，而且也只關注自己的利潤，那麼雙方就都有從事廣告的誘因，不論另一家企業怎麼做都是一樣*：另一家企業如果不廣告，你就可以藉著從事廣告而搶走對方的顧客；另一家企業如果從事廣告，你就也必須從事廣告以避免流失顧客。於是，這兩家企業因此陷入不良的均衡，導致雙方都必須浪費資源。不同於前一段描述的市場，這個市場一點都沒有效率。

這兩個模型之間明顯可見的差異，就是一個模型描述的情景當中有著許許多多的市場參與者（例如柳丁的市場），另一個模型描述的則是只有兩家大企業的競爭（也許就像是波音與空中巴士這兩家飛機製造商之間的互動）。不過，如果以為這項差別是這兩個市場的其中一個之所以有效率但另一個沒有的唯一原因，那可就錯了。這兩種模型當中的其他假設也都扮演了一定程度的角色。只要調整其他這些假設（經常是沒有明言的假設），就會帶來不同的結果。

想想第三種模型。這種模型沒有設定市場參與者的數量，卻帶來了非常不一樣的結果。且讓我們稱之為協調模型。一家企業（或是多家企業；數量並不重要）正在決定是否要投資於造船。這家企業知道，只要能以夠大的規模生產，這項投資就會帶來利潤。不過，一項關鍵投入要素是低成本鋼鐵，而且必須生產於鄰近地區。這家公司的決定因此歸結於這一點：如果附近有一家鋼鐵廠，就投資於造船；否則就不要投資。接下來，想想看當地的潛在鋼鐵投資者心中的想法。假設造船廠是鋼鐵唯一的潛在顧客。鋼鐵生產者認為，必須有造船廠購買他們的鋼鐵，他們才有可能賺錢。

這麼一來，我們就可以得出兩種可能的結果，也就是經濟學家所謂的「多元均衡」。一

＊嚴格說來，這裡還需要另一項假設：這兩家企業無法向對方提出可信的承諾，也就是說，不會有誘因促使它們日後違背承諾。舉例而言，這兩家企業可能都想要向對方承諾自己不會廣告。不過，這樣的承諾並不可信，因為不論對方怎麼做，從事廣告對這兩家企業而言都是有利的行為。

種是「良好」的結果，亦即這兩種投資都受到實行，於是造船廠與鋼鐵廠雙雙得以獲利。另一種是「不良」的結果，亦即這兩種投資都沒有實行。第二種結果也是一種均衡，因為兩種不投資的決定具有彼此強化的效果。如果沒有造船廠，鋼鐵生產者就不願意投資；而如果沒有鋼鐵廠，造船廠就不會成立。這項結果和潛在市場參與者的數量大體上無關，而是深切取決於另外三項特性：(一)規模經濟的存在(換句話說，營運必須要有龐大的規模才能獲利)；(二)鋼鐵廠與造船廠互相需要；(三)沒有其他的市場與投入要素來源(例如透過國外貿易而得到投入要素)。

三個模型，三個市場發揮機能(或是無法發揮機能)的不同樣貌。這三者都沒有對錯之分。每一個模型都凸顯了真實世界經濟當中一種實際存在(或可能存在)的重要機制。才談到這裡，我們就已經可以看出挑選「適當」的模型，也就是挑選最合乎環境需求的模型，具有什麼樣的重要性。有一種看待經濟學家的傳統觀點，就是認為他們只是本能反應的市場基本教義派：他們認為每一個問題的答案都是讓市場自由運作。許多經濟學家也許都有這樣的傾向，但這絕對不是經濟學的教導。經濟學對於幾乎任何一個問題的答案都是：看情況。同樣有其價值的不同模型，會帶來各自不同的答案。

模型不只是警告我們結果可能會朝哪個方向發展。模型之所以有用，原因是模型確切告訴我們可能的結果取決於**什麼**因素。想想一些重要的例子。最低工資標準會降低就業還是提高就業？答案取決於個別雇主是否具有競爭力（也就是說，雇主有沒有能力影響自己所在地的現行工資）。[2] 資本流入一個新興市場經濟體，會造成經濟成長提高還是降低？答案取決於這個國家的成長是否受限於可投資資金的欠缺或是高賦稅導致的獲利低落。[3] 減少政府的財政赤字會阻礙還是刺激經濟活動？答案取決於政府威信、貨幣政策以及匯率制度。[4]

以上每一個問題的答案都取決於真實世界情境的某一項重要特性。模型凸顯那些特性，並且顯示那些特性如何影響結果。在每一個案例中，都有一個標準模型會產生出傳統的答案：最低工資會減少就業，資本流入會提高成長，財政緊縮會阻礙經濟活動。不過，這些結論如果要成立，前提是其**關鍵假設**（也就是先前提及的那些真實世界的特性）趨近於現實。那些關鍵假設如果不趨近現實，我們就必須仰賴其他具有不同假設的模型。

我後續將會探討關鍵假設，並且提出更多經濟模型的例子。不過，首先且讓我針對模型是什麼以及具有什麼用途提出幾項類比。

模型有如寓言

一種思考經濟模型的方式，是將其視為寓言。這種簡短的故事經常圍繞著少數幾個主要人物，他們住在一個沒有名稱但是相當一般性的地方（例如一座村莊，或是一座森林），而且他們的行為與互動會造就一項結果，足以讓人從中學到某種教訓。那些人物除了可以是人類，也可能是擬人化的動物或無生物。寓言本身就是一種很簡單的東西：故事中的情境只受到少少幾筆的描繪，人物的行為動機也都是貪婪或嫉妒這類簡化的動機。寓言不會致力於呈現出寫實的樣貌，也不會為人物的一生描繪出完整的圖像。寓言犧牲寫實與模糊性，以達成故事情節的清楚明白。重要的是，每一則寓言都有一項明顯可見的寓意：誠實才是上策、最後的勝利才是真正的勝利、禍不單行、不要落井下石等等。

經濟模型也是如此。經濟模型很簡單，並且建立在抽象的環境裡。經濟模型的許多假設並不宣稱忠於現實。雖然經濟模型裡面似乎充滿了真實的人群和企業，其主要人物的行為卻都呈現出高度簡化的型態。無生物（「隨機衝擊」、「外生變數」、「自然」）經常出現在模型裡，構成驅使行動的力量。模型裡的故事情節圍繞著清楚明白的因果關係以及若A則B的關係。而且，模型的寓意（經濟學家稱之為政策意涵）通常也相當明白可見：例如自由市場具有效率、策略性互動中的投機行為會導致所有人受害、誘因非常重要等等。

寓言簡短扼要，絕對不會冒險讓讀者錯失其中所要傳達的訊息。龜兔賽跑的寓言對你的意識灌輸了持續前進的重要性，就算速度慢也沒有關係。這則寓言成為一條詮釋捷徑，可以應用在各式各樣的類似情境裡。把經濟模型比擬為寓言看起來像是貶低了模型的「科學」地位。不過，經濟模型和寓言的部分吸引力就在於它們的運作方式一模一樣。學生一旦接觸到競爭性的供需架構，就會永遠對市場的力量心懷崇敬。你一旦學過囚徒困境，就會從此改變對於合作問題的想法。就算你忘了模型的細節，那些模型仍然會是你理解以及解讀世界的樣板。

最傑出的經濟學家也體悟到了這兩者的類同。他們在自我反思的時刻，就欣然承認自己建構的抽象模型基本上就是寓言。如同著名經濟理論家魯賓斯坦（Ariel Rubinstein）所言：「『模型』一詞聽起來比『寓言』或『童話故事』更具科學色彩，（但）我看不出這兩者有多大的差別。」[5] 哲學家吉巴德（Allan Gibbard）與經濟學家瓦里安（Hal Varian）指出：「（經濟）模型總是會講述故事。」[6] 科學哲學家卡特賴特（Nancy Cartwright）以「寓言」一詞指涉經濟模型與物理學模型，但她認為經濟模型更像是譬喻故事。[7] 卡特賴特指出，寓言的寓意總是明白可見，經濟模型則是需要精心解讀才能得出政策意涵。這種複雜性的原因是每一個模型都只捕捉了一種情境性真理，一種只適用於特定環境的結論。

不過，寓言在這方面也提供了有用的類比。寓言多不勝數，而且每一則寓言都在不太相同的情況下提供一道行動指引。如果把所有的寓言合起來看，其中的寓意可能常會互相牴觸。有些寓言頌揚信任與合作的美德，有些則是推薦自立自強。有些讚許事先準備；有些則是針對過度規劃的壞處提出警告。有些寓言說你應該享受當下，盡情花用你擁有的錢；有些寓言則是告誡你應當好好儲蓄，以備不時之需。擁有朋友是一件好事，但擁有太多朋友卻不盡然是一件好事。每一則寓言都有本身的確切寓意，但如果全部加總在一起，卻反倒會造成疑惑與不確定性。

因此，我們必須發揮判斷力，挑選適用特定情境的寓言。經濟模型也一樣需要這樣的洞察力。我們已經看過不同的模型如何可能造就不同的結論。自利行為有可能造成效率（在完全競爭市場模型裡），也可能帶來浪費（在囚徒困境的模型裡），會得到哪一種結果乃是取決於我們假設的背景條件。一如寓言，挑選適當的模型也不能缺少良好的判斷力。所幸，證據可為模型的篩選提供一些有用的引導，儘管這樣的程序仍然比較算是一種技藝，而不是科學（見第三章）。

模型有如實驗

如果把模型視為寓言的說法不合胃口，那麼你可以把模型想成實驗室裡的實驗。這也許是一項令人感到意外的類比。寓言如果使得模型看起來像是過度簡化的童話故事，那麼把模型比擬為實驗室實驗，則恐怕會為模型賦予過多的科學色彩。畢竟，在許多文化裡，實驗室實驗都是科學界最令人敬重的表現。實驗室實驗是身穿白袍的科學家找出世界運作「真相」以及確認某一項假設是否成立的手段。經濟模型有可能和實驗室實驗相提並論嗎？

想想看實驗室實驗實際上是什麼樣的東西。實驗室是一種人造環境，目的在於把實驗中使用的材料和真實世界的環境隔離開來。研究者設計實驗條件，試圖凸顯一項假設的因果鏈，把實驗過程和其他可能也相當重要的影響因素區分開來。舉例而言，如果重力會帶來干擾效果，研究者就會在真空中進行實驗。如同芬蘭哲學家馬基（Uskali Mäki）所說明的，經濟學的模型建構者其實也採取類似的隔絕、分離以及辨識等方法。主要的差別在於實驗室實驗刻意操控實體環境，以達成觀察因果效應所需的隔離狀態，而模型達到這一點的做法，則是操控其中的假設。*模型是建構心理環境以檢驗假設。

你可能會提出反對意見，指稱在實驗室實驗裡，不論其環境具有多高的人造成分，實驗的內容仍然發生於現實世界當中。我們會知道這項實驗的假設至少在某一個環境裡是不是能夠成立。相對之下，經濟模型卻是徹頭徹尾的人造建構結果，只存在於我們的心智當中。然

* 馬基，〈模型即是實驗，實驗即是模型〉（"Models Are Experiments, Experiments Are Models," *Journal of Economic Methodology* 12, no. 2（2005）: 303–15）。必須注意的是，在經濟模型裡隔離一項效果其實沒有表面上看來那麼容易。我們總是必須對其他背景條件做出若干假設。由於這個原因，卡特賴特主張我們得出的效果總是眾多肇因共同造成的結果，所以我們在經濟學裡永遠不可能把因和果真正隔離開來。見卡特賴特，《找尋以及使用肇因：哲學與經濟學裡的做法》（*Hunting Causes and Using Them: Approaches in Philosophy and Economics*, Cambridge: Cambridge University Press, 2007）。這點在一般的情況下確實沒錯，可是擁有多重模型的價值就在於能夠讓我們選擇性地改變背景條件，以確認是不是有哪一項條件會對效果帶來具體貢獻。改變部分背景條件可能會造成重大差異；改變其他條件則可能沒什麼差別。另見我在本章後續對於假設的真實性所進行的討論。

而，這種差異只是程度上的差別，而不是種類上的差別。實驗結果也一樣可能需要大量的推論才能夠應用於真實世界。在實驗室裡行得通的東西，在實驗室外有可能行不通。舉例而言，一個藥物在實務上可能會失敗，原因是遭到了在實驗環境中被排除（「控制」）的真實世界條件所影響。

這種差別就是科學哲學家所謂的內在效度與外在效度。一項設計良好的實驗，能夠成功追蹤出特定環境裡的因果關係，即是具有高度的「內在效度」。不過，「外在效度」則取決於其結論是否在實驗情境外的其他環境也能成立。

所謂的實地實驗，也就是擺脫實驗室而在真實世界狀況下執行的實驗，一樣也會面臨這種挑戰。近來，這類實驗在經濟學當中非常盛行，而且有些人認為這種做法能夠產生不需要模型的知識；也就是說，這類實驗據說能夠對世界的運作方式提出洞見，而不需背負伴隨模型而來的那一大堆假設以及假定的因果鏈。不過，這種看法並不正確。且舉一個例子：在哥倫比亞，私立學校補助金券的隨機發放大幅改善了教育程度。不過，此一現象不能夠保證類似的方案在美國或南非也能夠產生同樣的結果。最終的結果仰賴於許多因素，而且這些因素在每一個國家都各自不同。收入水準與父母的偏好、私立學校與公立學校的品質落差、影響教師與學校管理人員的誘因：這些因素以及其他許多可能也相當重要的考量，都會對結果造成影響。[8]從「這項做法在那裡有效」到「這項做法在這裡也會有效」，中間需要許多額外的步驟。[9]

在實驗室裡（或是實地當中）從事的真實實驗，與我們稱為「模型」的思想實驗之間的落差，其實沒有我們想像的那麼大。這兩種做法都需要經過一定程度的推論，才能在我們需要的時間與情境當中受到應用。健全的推論則是需要有良好的判斷力、取自其他來源的證據，以及結構井然的推理。這種種類型的實驗所帶有的力量，就是能夠基於我們在不同環境當中辨識出相似性以及找出相同特色的能力，而讓我們對那些實驗情境外的世界有所理解。

一如真實實驗，模型的價值也在於能夠一一隔離以及辨識特定的因果機制。這些機制在真實世界裡會伴隨著其他許多機制，從而導致其運作方式混淆難辨，這是所有試圖從事科學解釋的人都必須面對的問題。經濟模型在這方面甚至可能擁有一項優勢。權變性（contingency，對於特定假設條件的依賴）是經濟模型原本就帶有的性質。我們在第三章將會看到，這種缺乏確定性會激勵我們設法找出眾多模型當中的何者能夠對眼前的現實提供比較好的描述。

悖離現實的假設

消費者具有過度理性與自私的特質，他們總是偏好消費更多，他們的時間幅度很長，近乎無限：經濟模型通常都是由許多這類悖離現實的假設所構成。當然，許多模型在其中一個或多個層面當中會比較貼近現實，但即便在這些更具層次的表象當中，其他悖離現實的假設也可能出現在其他地方。在簡化與抽象化的情況下，許多元素必定不免違反事實，與現實不符。我們該怎麼思考這種真實性的欠缺？

傅利曼（Milton Friedman）這位二十世紀最傑出的經濟學家之一，在一九五三年提出了一個深深影響經濟學領域的答案。[10]傅利曼不是主張悖離現實的假設是理論化過程中必然的一部分，而是直接指稱假設的真實性根本無關緊要。唯一重要的是理論是否做出正確的預測。只要理論的預測正確，其中的假設就不需要與真實生活有任何相似之處。我這麼說雖是以相當粗淺的方式總結傅利曼細膩得多的論點，但的確表達了大多數讀者從他的論文所認知到的要點。因此，這項論點帶有高度的解放性，讓經濟學家得以發展各式各樣的模型，奠基在與實際經驗大為不同的假設上。

不過，假設的真實性不可能真的完全無關緊要。史丹福大學經濟學家傅萊德勒（Paul Pfleiderer）說明指出，一個模型如果要被視為有用，我們總是必須以「真實性濾鏡」檢視其中的**關鍵**假設。[11]（「關鍵」一詞又再次出現，我將在後續探討這個字眼。）原因是我們永遠無法確知模型的預測效力。套句喜劇演員格魯喬・馬克斯（Groucho Marx）的話，預測總是涉及未來。我們可以在事後編造出無窮無盡的模型解釋現實。不過，這些模型大多數都對我們缺乏助益；未來的情況一旦改變，這些模型就無法做出正確的預測。

假設我手上有一個地區過去五年來的交通事故資料。我注意到事故數在上班日傍晚的下午五點至七點之間比較多。最合理的解釋是那個時間上路的人比較多，因為大家都正在下班開車回家的路上。不過，假設有一位研究者提出一項不同的解釋。他說這是約翰的錯，因為約翰的大腦會發出肉眼不可見的腦波，對所有人的駕駛行為造成影響。他一旦踏出辦公室開車上路，他的腦波就會干擾交通，造成更多的交通事故。這項理論看來雖然愚蠢，但的確能夠「解釋」交通事故在上班日傍晚增多的情形。

在這個案例中，我們知道第二個模型欠缺用處。約翰如果改變行程或是退休，這個模型就不再具有預測價值。約翰一旦不再外出，事故數並不會下降。這項解釋之所以產生不了效果，原因是其中的關鍵假設（約翰會發出干擾交通的腦波）虛妄不實。一個模型如果要具備追蹤現實的功用，其中的關鍵假設就必須密切貼近現實。[12]

關鍵假設究竟是什麼？如果一項假設朝著比較真實的方向修正，會對模型產生的結論造成重大影響，那麼我們就可以把這項假設稱為關鍵假設。就此意義而言，許多假設都不具關鍵性。想想完全競爭市場模型。許多重要問題的答案都不是深刻取決於那個模型的細節。在傅利曼探討方法論的論文裡，他提及對香菸課稅的例子。他寫道，我們大可預測提高稅率會導致香菸的零售價格上漲，不論香菸公司有很多家還是很少家，也不論不同的香菸品牌是不是完全替代品。同樣的，合理放寬模型中對於完全理性的要求，也不太可能對此一結果造成太大的差別。就算廠商不是錙銖必較，我們也可以合理認定它們會注意到自己必須支付的稅金提高了。鑒於所提出的問題以及這個模型受到使用的方式（例如：課稅如何影響香菸價格？），這些特定假設並不具有關鍵性。因此，這些假設欠缺真實性也就沒有太大的重要性。

假設我們感興趣的是另一個問題：對香菸產業施行價格管制所造成的影響。這麼一來，這門產業裡的競爭程度（其中一部分取決於消費者以不同品牌互相替代的意願）就會具有高度重要性。在完全競爭市場模型裡，價格管制會導致廠商減少供給。價格降低導致廠商的獲利減少，於是廠商的回應方式就是減少銷售量。不過，在市場受到單一廠商獨占的模型裡，溫和的價格上限（也就是沒有比不受限制的市場價格低太多）實際上會誘使廠商**增加**產量。要理解這種機制如何運作，一些簡單的代數計算或是幾何將可幫上不少忙。根據直覺觀點，獨占廠商會藉著限制銷售量以推高市場價格的方式增加利潤。價格管制因為剝奪了獨占廠商的定價能力，因此也就消除了減少產量的誘因。獨占廠商的回應方式就是增加銷售量。＊在這種情況下，只有藉著賣出更多香菸，才能賺取更多利潤。

我們一旦想要預測價格管制的效果，對於市場競爭程度所提出的假設就會具有關鍵性。這項假設的真實性不但重要，而且是非常重要。一個模型的適用性取決於關鍵假設有多麼貼近真實世界。而一項假設是否關鍵，有一部分則是取決於這個模型的用途。我在本書後續還會回頭探討這項議題，屆時將更仔細檢視我們在特定情境中如何選擇該適用哪個模型。

一個模型的關鍵假設一旦明顯違反事實，我們就有完全的正當性乃至必要性去質疑這個模型的效力，就像約翰的腦波那項解釋。在這種案例中，我們可以合理指出模型建構者簡化過度，而對我們造成了誤導。不過，適當的回應乃是以更合適的假設建構不同的模型，而不是徹底揚棄模型。面對不良的模型，矯正方法是提出好的模型。

歸根結底，我們的假設不可能完全不悖離現實。如同卡特賴特所言：「因為經濟模型使用悖離現實的假設而加以批評，就像是對伽利略的斜面滾球實驗把斜面製作得盡可能沒有摩擦力而加以批評一樣。」[13] 不過，就像我們不會想要把伽利略的加速定律套用在一顆落入蜂蜜罐裡的彈珠上，我們也不能憑著這樣的藉口而使用關鍵假設嚴重違反現實的模型。

數學與模型

經濟模型由明白陳述的假設以及行為機制構成，因此正適合數學的語言。翻開任何一本經濟學的學術期刊，就會看見無窮無盡的方程式以及希臘字母。就物理學的標準來看，經濟

* 這也是施行（溫和）最低工資會造成就業數增加的原因。

學家使用的數學不是很高階：只要懂得基礎的多變量微積分與最佳化，通常就足以看得懂大多數經濟理論的推演。儘管如此，這種數學形式化確實需要讀者投注一些心力。這種做法在經濟學和其他大多數社會科學當中豎立了一道理解障礙，也強化了非經濟學家對這門學科的懷疑：那些數學使得經濟學家看起來彷彿退出了真實世界，而活在他們自己建構的抽象世界裡。

就讀大學的時候，我就知道自己想要拿博士學位，因為我熱愛寫作以及從事研究。不過，我對各式各樣的社會現象都深感興趣，因此無法決定究竟該攻讀政治學還是經濟學。我對這兩種博士班都提出申請，但藉著修習一項跨學科碩士學程來延後做出最終決定的時間。我清楚記得最後使我下定決心的經歷。我在普林斯頓大學威爾遜公共與國際事務學院的圖書館裡，拿起最新一期的《美國經濟評論》與《美國政治學評論》：分別是這兩門學科的旗艦出版品。我比對了這兩本期刊，而意識到我如果取得經濟學博士學位，也能夠看得懂《美國政治學評論》，但我要是取得政治學博士學位，卻會看不懂《美國經濟評論》的大部分內容。事後回顧起來，我現在理解到這項結論可能不太正確。除了數學以外，《政治學評論》裡的政治哲學文章也有可能和《經濟評論》裡的文章一樣艱澀。而且，後來許多政治學研究也走上了和經濟學一樣的數學形式化道路。但儘管如此，我當時的想法還是帶有一絲真理。直到今天，經濟學大體上仍是唯一一門只要沒有修過相關研究所課程就幾乎完全不得其門而入的社會科學。

經濟學家使用數學的原因通常遭到誤解。這種做法和精細、複雜，或者追求更高的真理沒什麼關係。數學在經濟學當中主要扮演兩種角色，而這兩種角色都沒什麼榮耀可言：也就是清楚明白與前後一致。首先，數學確保模型當中的元素（包括假設、行為機制與主要結果）都能夠受到清楚明晰的陳述。一旦採取數學形式加以陳述，模型的內容和運作對於看得懂的人而言就顯得明白可見。這種清楚明白深具價值，而且沒有受到足夠的肯定。對於馬克思、凱因斯或者熊彼得的真正用意，我們至今仍然辯論不休。這三人雖然全都是經濟學的巨人，他們卻主要（但不是完全）都是藉著文字描述來建構他們的模型。相對之下，面對薩繆爾森（Paul Samuelson）、史迪格里茲（Joe Stiglitz）或亞羅（Ken Arrow）贏得諾貝爾獎的理論，就從來沒有人爭論他們當初發展那些理論的意圖。數學模型不容許一絲一毫的模糊性。

數學的第二個優點，則是確保了模型的內部一致性：簡單說，就是結論跟隨假設而來。這是一項平凡無奇但不可或缺的貢獻。有些論點因為極為簡單，所以能夠不證自明。另外有些論點則需要更小心仔細，尤其是認知偏誤可能會引誘我們得出自己想要看到的結果。有時候，一項結果有可能明顯錯誤；更常見的狀況則是論點缺乏明確界定，遺漏了關鍵假設。在這方面，數學提供了有用的檢驗。前凱因斯時代的傑出經濟學家，同時也是第一部真正經濟學教科書的作者馬歇爾（Alfred Marshall），擁有一項絕佳的準則：把數學當成一種速記語言，翻譯成白話之後，就把數學丟掉！或是像我對我的學生說的，經濟學家使用數學不是因為他們比較聰明，而是因為他們不夠聰明。

我還是個年輕的菜鳥經濟學家之時，曾經聽過傑出的發展經濟學家暨一九七九年諾貝爾經濟學獎得主劉易斯爵士（W. Arthur Lewis）的一場講座。他非常善於利用簡單的模型解析出複雜經濟關係的本質。不過，如同許多出身老舊傳統的經濟學家，他也習於以文字方式呈現他的論點，而不是採取數學形式。在那場講座上，他的主題是如何決定貧窮國家的貿易條件：也就是貧窮國家的出口商品對進口商品的相對價格。劉易斯說完之後，聽眾裡一名年紀較輕而且比較數學導向的經濟學家站了起來，在黑板上寫下幾個方程式。他指出，他一開始對於劉易斯教授所說的內容感到困惑不解，但現在懂了。劉易斯一臉茫然地看著他，他繼續說：我們有這三條方程式，能夠決定這三項未知數。

所以，數學在經濟模型裡扮演了純粹工具性的角色。原則上，模型不一定需要數學，數學也不是模型之所以有用或者具備科學性的原因。*如同劉易斯的例子所示，這個領域裡有些頂尖學者幾乎完全不使用數學。謝林（Tom Schelling）發展出了現代賽局理論的若干關鍵概念，諸如可信度、承諾與嚇阻，也以他大致上完全沒有使用數學的研究成果獲得了諾貝爾獎。[14]謝林擁有一種罕見的能力，只要單純利用文字、真實世界的例子，頂多再加上一個數字，就能夠闡述具備策略性思考能力的個人之間頗為複雜的互動模型。他的著作深深影響了學者與決策。但我必須承認，我是在看見比較完整的數學表現方式之後，才真正理解到他的洞見有多麼深刻，論述又有多麼精準。

在經濟學以外的社會科學裡，非數學模型比較常見。一名社會科學家只要開口說：「假設我們有……」或是其他類似的話，後面接著一段抽象敘述，那麼你就可以知道對方即將提出一項模型。舉例而言，社會學家甘貝塔（Diego Gambetta）這麼檢視對於知識的本質抱持不同類型信念所帶來的後果：「想像有兩個理想類型的社會，只在一個面向上不同……。」[15] 政治學的論文經常提及自變數與應變數：可見那些作者即便在沒有明確架構的情況下，也還是模仿著模型的做法。

看似合乎直覺的文字論述，一旦接受仔細的數學檢驗，經常不免遭到推翻，或是發現其實不完整。原因是「文字模型」可能會忽略不明顯但也許相當重要的互動。舉例而言，許多經驗性研究都發現政府干預和績效具有負相關性：受到補助的產業在生產力成長上低於沒有受到補助的產業。我們要怎麼解讀這樣的結果？常見的看法（甚至包括經濟學家在內）認為政府必定是依據錯誤的理由進行干預，因為政治遊說而支持弱勢產業。這種說法也許顯得相當合理，甚至可說是太過明顯可見，根本不需要進一步的分析。然而，我們一旦以數學描述

＊ 在經濟學以外，「理性選擇」一詞已經成為主要以數學模型從事社會科學這種做法的同義詞。這個字眼的這種用法混雜了幾項概念。利用模型從事社會科學其實不一定需要數學，也不必然需要假設個人行為是理性的。

政府依據正確的理由而進行干預（也就是為了強化經濟效率而對產業提供補助），就會發現前面這項結論可能不盡正確。因為市場失靈而導致績效低落的產業需要更多的政府補助，但補助不能達到完全抵銷其劣勢的程度。因此，補助與績效之間的負相關性其實沒有告訴我們政府是否以恰當或不恰當的方式進行干預，因為這兩類干預都會造成我們觀察到的那種相關性。不明白嗎？那就看看數學吧！*

在光譜的另一端，則是有太多經濟學家深深愛上了數學，而忘記數學的工具性本質。這個領域充斥太多的過度形式化，太多為了數學而數學的做法。有些經濟學的分支，例如數理經濟學，已經變得比較像是應用數學，而不是任何種類的社會科學。那些分支領域的參考點已經變成其他數學模型，而不是真實世界。有一篇數理經濟學的論文摘要以這個句子起頭：「我們以主體測度空間完全有限的資訊差異經濟體架構當中的否決機制為基礎，而為瓦爾拉斯（Léon Walras）的預期均衡建立了新的特性。」[16]經濟學裡具有首要地位而且高度數學導向的期刊《計量經濟學》（*Econometrica*），曾經一度宣布暫停接收「社會選擇」理論（亦即投票機制的抽象模型）的論文，原因是那個領域的論文在數學上變得過於晦澀，也與實際政治完全脫節。[17]

在我們對這類著作提出太過嚴苛的評論之前，值得一提的是經濟學當中有些最有用的應用結果，都來自於高度數學化而且在外人眼中必定顯得深奧難解的模型。利用抽象賽局理論所建立的拍賣理論，甚至連許多經濟學家也是完全無法理解。† 然而，這項理論產生的原則，卻可讓美國聯邦通信委員會以盡可能有效率的方式為電話公司與廣播公司分配電信頻譜，並且為聯邦政府帶來超過六百億美元的收入。[18] 一樣深具數學色彩的配對模型與市場設計模型，在當今則是用來為醫院指派住院醫師以及為公立學校分配學生。這些案例中的模型雖然都看似高度抽象化，也與真實世界沒什麼關聯，卻都在許多年後產生了極有助益的應用。

好消息是，與一般觀點恰恰相反，單靠數學本身，在經濟學裡不可能獲得太大進展。受

---

* 羅德里克，〈我們為什麼從經濟成長的迴歸分析當中學不到有關政策的任何東西〉（"Why We Learn Nothing from Regressing Economic Growth on Policies," *Seoul Journal of Economics* 25, no. 2（Summer 2012）: 137–51）。在經濟學以外，演化生物學的知名理論家史密斯（John Maynard Smith）在以下這段影片說明了對於論點發展出數學表示方法的重要性：http://www.webofstories.com/play/john.maynard.smith/52;jsessionid=3636304FA6745B8E5D200253DAF409E0。史密斯描述他對一項文字理論所感到的挫折。那項理論闡述了像羚羊這樣的動物為什麼會在奔跑的時候上下跳躍，展現出一種稱為「四腳彈跳」的行為。這種行為看起來缺乏效率，原因是這麼做會減慢動物的奔跑速度。那項理論認為羚羊藉著四腳彈跳的做法向掠食者傳遞一道訊息，表示自己不值得對方花費精力追逐：因為這頭羚羊速度極快，甚至以這種缺乏效率的奔跑方式也還是能夠逃走。史密斯憶述自己如何試圖以數學方式建構出這個情境的模型，卻總是得不出想要的結果：亦即四腳彈跳在當成一種訊號使用的時候能夠具有效率。

† 這項理論有一份比較不那麼正式的介紹，見米格羅姆（Paul Milgrom），〈拍賣與出價入門〉（"Auctions and Bidding: A Primer," *Journal of Economic Perspectives* 3, no. 3（Summer 1989）, 3–22）。至於比較詳盡的探討，見克倫培勒（Paul Klemperer），《拍賣：理論與實踐》（*Auctions: Theory and Practice*, Princeton, NJ: Princeton University Press, 2004）。

到重視的是「才智」：能夠以新觀點闡釋舊主題、把艱澀難解的問題變得易於解決，或是對實質問題設計出新穎巧妙的經驗研究方法。實際上，強調數學方法在經濟學裡早就已經過了巔峰時期。今天，經驗導向或政策相關的模型在頂尖期刊裡受到的偏好遠高於純理論性的數學模型。現在，經濟學的明星以及受到最多引用的經濟學家，都是對貧窮、公共財政、經濟成長與金融危機等重要公共問題提出有用見解的學者，而不是數學天才。

簡單化與複雜化

儘管有數學，經濟模型卻通常相當簡單。大體上而言，經濟模型都可以用紙筆解得出來。這就是經濟模型必須排除真實世界許多面向的其中一個原因。不過，如同我們先前看過的，缺乏真實性本身並不是一項理由充分的批評。再度使用傅利曼提出的例子，一個有關商人互相競爭的模型如果納入那些商人的眼珠顏色，雖然會比較貼近真實，卻不會是一個比較好的模型。[19]儘管如此，哪些影響重要或不重要乃是取決於一開始提出的假設。藍色眼珠的商人說不定比較笨，總是會把商品價格訂得過低。模型建構者為了易於處理而採取的策略性簡化做法，可能會對實質結果造成重要影響。

以複雜取代簡單難道不會比較好嗎？近年來的兩項相關發展，使得這個問題變得更加值得注意。首先，計算能力的巨大增長以及其成本隨之而來的急遽下滑，使得我們更容易分析大規模計算模型，也就是擁有成千上萬條方程式並且帶有非線性與複雜互動的模型。就算人腦解不出這些模型，也能夠藉由電腦求解。氣候模型就是一個著名的例子。經濟學裡不是沒有大規模計算模型，只是通常沒有那麼龐大。大多數的中央銀行都利用多方程模型預測經濟走向以及貨幣政策與財政政策的效果。

第二項發展是「大數據」的出現，以及能夠從中找出模式與規律性的統計與計算技術的演進。「大數據」指的是為數巨大無比的量化資訊，產生自我們對於網路與社群媒體的使用：幾乎是我們在每一個時刻、身處於何處，以及從事什麼活動所留下的一份完整而且連續不斷的紀錄。我們目前達到的階段（或是將在不久之後達到），也許已經能夠藉著這些數據所揭露的模式而發現我們的社會關係當中的奧祕。「大數據使我們有機會看見社會的完整複雜性，」這項觀點的一位首要倡導者寫道。[20]此一發展有可能會導致傳統經濟模型就像馬車一樣徹底遭到時代淘汰。

的確，複雜性帶有強大的表面吸引力。誰能夠否認社會與經濟是複雜的系統呢？「複雜系統究竟為什麼『複雜』，每個人的看法都各自不同，」數學家暨社會學家華茲（Duncan Watts）寫道：「但公認的一點是，複雜性源自於許多互賴元素的非線性互動。」值得注意的是，華茲接著提出的例子就是經濟：「舉例而言，美國經濟是眾多原因造就的產物，包括千百萬人以及幾十萬家企業與千百個政府機關的個別行為，還有其他無數的外部與內部因素，包括德州的天氣乃至中國的利率。」[21]如同華茲指出的，經濟當中的一個部分出現動盪（例如房貸金融），即有可能受到放大而對整個經濟造成重大衝擊，就像混沌理論裡的「蝴蝶效應」一樣。

華茲會指向經濟實在耐人尋味，因為建構大規模經濟模型的嘗試至今都一直欠缺成果。說得更苛刻一點，我完全想不出有任何一項重要的經濟洞見是產生自這樣的模型。實際上，這種模型經常對我們造成誤導。一九六〇與七〇年代期間，由於對當時盛行的總體經濟正統觀念過度自信，美國經濟若干大規模的模擬模型因此建立在凱因斯學說的基礎上。這些模型在一九七〇年代末期與一九八〇年代的停滯性通膨環境中表現得相當不理想，於是遭到揚棄，而由標榜理性預期與價格彈性的「新古典」觀點取而代之。與其依賴這類模型，遠遠比較好的做法是在我們的腦子裡同時記住幾個小模型，包括凱因斯學派與新古典學派的模型，並且懂得在什麼時候改變適用的模型。

如果沒有這些比較小而且比較透明的模型，大規模計算模型其實根本無可理解。我這麼說有兩層意義。第一，大型模型裡的假設與行為關係必定有其來源。一個人接受的如果是凱因斯學派模型或是新古典學派模型，發展出來的大規模模型一定不一樣。你如果認為經濟關係是高度非線性或是帶有不連續性，那麼和一個認為經濟關係是線性而且「平滑」的人相比，你們建構的模型也一定各自不同。這些事前的理解不是衍生自複雜本身，而是必定來自於某種第一階的理論建構。

第二，假設我們能夠在相對無理論的情況下建構大規模模型，利用一些奠基於觀察到的經驗規律性（例如消費者消費模式）的大數據技術。這樣的模型能夠產生預測，就像氣象模型一樣，但是絕不可能自行產生知識。因為這種模型就像是黑盒子：我們可以看見從中輸出的資料，卻看不見裡面的運作機制。要從這種模型裡擠出知識，我們必須理解並且仔細檢視在其中產生特定結果的深層因果機制。實際上，我們必須建構大型模型的小規模版本。只有這麼做，我們才能說我們懂得那個模型是怎麼一回事。此外，我們評估複雜模型的預測時（那個模型預測了這次的經濟衰退，但是會不會再預測到下一次？），我們的判斷將會取決於那些深層因果機制。依據我們適用在小規模模型上的相同標準，那些因果機制如果可信而且合理，我們也許就有理由對那個模型懷有信心。如果不是這樣，我們恐怕就得心存懷疑。

想想那些在分析各國間的國際貿易協定時，相當常見的大規模計算模型。數以百計透過勞動市場、資本市場以及其他生產投入要素市場而連結在一起的產業，其進口與出口政策都會受到這些協定的改變。一個產業的變化會對其他所有產業造成影響，反之亦然。我們如果想要瞭解貿易協定對整體經濟造成的影響，就需要一個能夠記錄所有這些互動的模型。原則上，這就是所謂的可計算一般均衡模型的用途所在。這種模型有一部分奠基在盛行的貿易模型上，也有一部分奠基在特例假設上：那些特例假設的目的在於複製觀察到的經濟規律性

（例如國家產出中用於從事國際貿易的份額）。舉例而言，媒體中的專家報導指稱美國與歐洲簽署的跨大西洋貿易投資夥伴協定會創造多少億美元的出口與收入，他們就是引述這些模型得出的結果。

這類模型無疑能夠大致呈現出一項決策的影響規模有多大。不過，這些模型終究只有在其結果能夠由可用紙筆解出的小型模型所得出並且賦予合理性的情況下，才會具有可信度。除非其背後的解釋透明可見而且合乎直覺（除非有個比較簡單的模型能夠產生類似的結果），否則複雜性本身不會為我們帶來任何好處，頂多只是增加一點細節而已。

至於強調複雜性的模型所產生的特定洞見，例如臨界點、互補性、多元均衡或是路徑依賴，又該怎麼說呢？複雜理論家強調的這些「非標準」結果，與經濟學家依賴的那些傳統可靠的模型所呈現的較為線性平順的行為確實形成強烈對比。這些較為迂迴的方式，有時候也的確比較能夠切實描述真實世界的結果。不過，這些種類的結果不但能夠由比較小也比較簡單的模型產生，實際上也是源自於這些模型。臨界點模型指涉的是一旦有達到一定門檻數的個人做出改變，總和行為就會突然出現變化。這種模型最早由謝林發展出來並應用於不同的社會情境。他在一九七〇年代提出的典範例子，就是在種族混居的鄰里當中，白人遷移的程度一旦達到一個關鍵門檻，這種鄰里就會崩解成為完全的種族隔離地區。經濟學家早已知道多元均衡有可能存在，也早已進行過研究，經常是在高度簡化模型的情境當中。我在本章開頭就提出了一個例子（造船廠與協調賽局）。路徑依賴是一大類別的動態經濟模型的特徵。如此等等不一而足。

批評者也許會指稱經濟學家把這類模型當成例外，傳統可靠的競爭市場模型所涵蓋的才是「正常」案例。這樣的批評確實有其道理。經濟學家通常太過執著於若干標準模型，以致犧牲了其他模型。在某些情境裡，一個簡單的模型有可能太過簡單。我們也許需要更多的細節。訣竅在於只把假設裡認為重要的互動隔離開來，並且僅止於此。如同先前的例子所顯示的，模型可以這麼做而仍然保持簡單。一個模型不一定總是會優於另一個模型。別忘了：那只是眾多模型當中的**一個**，而不是唯一的**終極**模型。

簡單性，真實性，以及現實世界

在〈論科學的嚴謹度〉（On Exactitude in Science）這則異常簡短的短篇故事裡（整個故事的長度就只有一段），阿根廷小說家波赫士描述了遙遠的過去曾有一個神祕帝國，其中的製圖師非常認真看待自己的工作，並且極力追求完美。為了盡可能捕捉最多的細節，他們繪製的地圖於是愈來愈大。一個省的地圖達到一座城市的大小；整個帝國的地圖則是足以占滿一整個省。經過一段時間之後，就連這樣的細緻程度也已不再足夠，製圖師公會於是繪製了一幅一比一等比例的帝國地圖，大小就和實際上的帝國一樣大。不過，後來的世代不再那麼著迷於製圖的技藝，而是比較注重地圖在指引方向上的功能，因此也就覺得這種地圖毫無用處。他們於是把那些地圖拋棄在沙漠裡任其腐爛。[22]

如同波赫士的故事所示，主張模型必須更加複雜才會更有用處的論點其實正與事實相反。經濟模型之所以適切，能夠幫助我們理解這個世界，正是因為這些模型相當簡單。適切性不需要複雜性，而且複雜性可能還會對適切性有所阻礙。簡單的模型是不可或缺的。模型永遠不可能完全合乎真實，但模型當中卻蘊藏著真相。[23]只有藉著簡化這個世界，我們才能加以理解。

2 經濟模型的科學

模型讓經濟學成為一門科學。我這句話所指的，不是像物理學或化學那種致力於發現自然界基本定律的科學。經濟學是一門**社會**科學，而社會並沒有基本定律，至少和自然界的那種基本定律不盡相同。不同於石頭或行星，人類具有主體性，人能夠選擇自己的行為。人的行為會產生近乎無窮無盡的不同可能性。我們頂多能夠談論傾向、特定情境下的規律性，以及可能的後果。我指的也不是像數學這樣的科學，數學處理的雖是抽象實體，提出的卻是精確的陳述，可以被判定為真或是偽。經濟學處理的是真實世界，因此比數學雜亂得多。經濟學家經常誤入歧途，原因正是他們幻想自己是沒有受到肯定的物理學家與數學家。

在光譜的另一端，批評者則是譏嘲經濟學家自命科學的姿態，斥責經濟學家頂多只是假托科學之名。凱因斯曾經一反常態地對經濟學表達了一項相當謙抑的志向：「經濟學家如果能夠像牙醫一樣，被人視為謙遜而能幹，那就太好了！」這是他在一九三〇年寫下的一句話。[1]不過，鑒於人類社會存在各式各樣的弊病與問題，經濟學以牙醫為目標恐怕也還是太好高騖遠了。經濟學家不但對自己擁有多少知識應當抱持謙遜，對於自己能夠習得多少新知也該如此。

釐清這些可能會有的誤解之後，我們即可檢視模型為何具有科學特性。首先，如同我在前一章解釋過的，模型能夠闡明假設的本質，清楚揭示其內在邏輯，以及那些假設依賴或不依賴哪些條件。這通常是把直覺推測琢磨得更加精準，填補闕漏的細節：這點原本就相當重要。不過，模型最大的貢獻經常是讓我們看見違反直覺的可能性以及出乎意料的後果。第二，模型可以擴展對於各種社會現象提出的可信解釋，也可以擴展我們對這些社會現象的理解，從而促成知識的累積。如此一來，經濟科學的進展就如同圖書館的成長：方法是藉著充實本身的內容。第三，模型隱含了經驗方法；模型至少在原則上顯示了特定假設與解釋如何能夠應用在實際情境上。模型可讓論點受到判斷為正確或是錯誤。即便在證據太過薄弱而無法確認對錯的情況下，模型也提供了化解歧見的方法。最後，模型可讓知識的產生奠基在所有人一致認同的專業標準上，而不是基於由階級、個人關係或者意識形態造成的現行階層體系之上。大體而言，經濟學家的研究所擁有的地位取決於其品質，而非取決於經濟學家本人的身分。

闡明假設

名稱宏偉堂皇的「福利經濟學第一基本定理」，大概可以說是經濟學最重要的成就。（我們稍後會再提到一個地位相去不遠的競爭對手。）博士班一年級學生通常必須把第一個學期投注在建立這項定理的證明，而在過程中學到不少數學理論（實變函數論與拓撲學），儘管大多數人從此以後再也用不到這些東西。這項定理只不過是以數學方式陳述出前一章所謂的「完全競爭市場模型」當中的一項關鍵意涵。簡言之，這項定理指稱競爭市場經濟是有效率的。說得更精確一點，在這項定理提出的假設之下，市場經濟的經濟產出可以達到任何一套經濟制度有可能達到的最大產出。這樣的結果不可能再有所改善，也就是說在這種情況下如果再變更資源安排，絕對不可能令某些人得益而不造成其他人的損失。*請注意，這項對於效率的定義（也就是所謂的柏雷托效率，以義大利博學之士維弗雷多．柏雷托〔Vilfredo Pareto〕命名）並不關注公平或是其他可能的社會價值：如果有一項市場結果是由一個人獲得百分之九十九的總所得，而且任何變更都會使他遭受的損失大於社會其他人的得利，那麼

* 福利經濟學第二基本定理則是主張藉著適當的資源重新分配可以達成其他有效率的結果，本質上即是對效率和分配的問題做出區別。近期的研究顯示，這兩項定理的部分前提（例如市場或資訊的完整性）一旦不成立，此一區別就也不免瓦解。

這樣的市場結果就是「有效率」。

暫且不管分配問題，這可是一項非常強而有力的結果，而且並非明顯可見。我們今天之所以都把市場與效率聯想在一起，主要是因為（我就不拐彎抹角了）我們在過去兩百多年以來一再被灌輸市場與資本主義具有的效益。表面上看來，數以百萬計的消費者、勞工、企業、儲蓄者、投資者、銀行與投機者各自純粹追逐自己的個人利益，顯然不可能會達成除了經濟混亂以外的其他結果。然而，這個模型卻指稱這樣其實會達成有效率的結果。

福利經濟學第一基本定理在經濟學家之間俗稱為看不見的手定理。堪稱為經濟學之父的亞當．斯密最早廣泛陳述了這項定理。他的「看不見的手」一語雖然不全然是使用於這個情境，但他指稱個別消費者與生產者在市場裡的分散決策仍舊會帶來集體利益。他寫下了這段名言：「我們的晚餐不是來自於肉販、釀酒師或麵包師傅的善心，而是來自於他們對自身利益的關注。」[2]

亞當．斯密認為價格誘因會把市場轉變為一個自動運作而且效率驚人的協調機器，後來傅利曼更在一九八〇年的熱門電視節目《自由選擇》（*Free to Choose*）當中鮮明闡述了這一點，當時正是雷根與柴契爾夫人的政府即將推動一波市場改革的前夕。傅利曼手持一枝鉛筆，對於自由市場達成的壯舉讚嘆不已。他指出，這枝鉛筆是集全世界千百人之力而造成的結果：有些人開採石墨、有些人切割木材、有些人把各個部件組合起來、有些人行銷最終的成品。不過，協調所有這些人的行動而促使這枝鉛筆來到消費者手上的力量，不是任何中央主管機構，而是價格體系。[3]

相較於亞當・斯密與傅利曼的解釋，第一基本定理本身所含的邏輯其實極為抽象，而且幾乎可說是晦澀得無可理解。這套邏輯由亞羅與德布魯（Gerard Debreu）在一九五〇年代首度完整建構而成，使用當時對大多數經濟學家而言仍然頗為陌生的數學。[4]德布魯一九五一年那篇文章的第一句話，可以讓我們感受到這種建構行為的本質：「我們研究的經濟體系活動，可以視為l個商品（其數量不一定能夠完全分割）受到n個生產單位所造成的轉變以及m個消費單位的消費量。」*亞羅與德布魯合寫的那篇文章雖然具有基礎重要性，也讓這兩位經濟學家贏得諾貝爾獎，卻極少受到閱讀。（我承認我是在寫這段文字的時候才第一次看了那篇文章。）經濟學家都是透過教科書以及其他二手轉述學習這篇文章。

第一基本定理非常重要，原因是這項定理實際上**證明**了看不見的手假說。也就是說，這項定理顯示了在特定假設之下，市場經濟的效率不只是猜測，也不只是一種可能性，而是能夠從前提依照邏輯推論而來的結果。那一切數學計算帶來的回報，就是一項精確的陳述。這個模型可以讓我們明白看見那樣的結果是怎麼產生的，尤其揭示了我們必須採取哪些特定假

* 有個笑話說，德布魯在一九八三年獲得諾貝爾獎之後，有一群記者詢問他對經濟走向的看法。據說他想了一會兒，然後開口說：「想像一個有n個商品和m個消費者的經濟體……。」

設，才能確保達成效率。

實際上，其中存在著一長串的假設。消費者與生產者都必須理性，並且一心專注於追求自身經濟利益的最大化。一切事物都必須要有市場，包括涵蓋所有可能狀況的一整套期貨市場。資訊必須完整，例如消費者在購買以及體驗一件商品之前就能夠知道那件商品的一切特性。我們必須排除生產者的獨占行為、規模報酬遞增，以及「外部性」（例如汙染或者研發部門的學習外溢效果）。當然，自從亞當．斯密以來的經濟學家都知道這類複雜問題可能會干擾看不見的手。不過，亞羅與德布魯把這一切因素全部歸總起來，並且呈現得明白而精確。

第一基本定理描述的是一個純粹假設性的世界；這項定理沒有號稱自己描述了實際市場。要把這項定理適用在真實世界，必須要有判斷力、證據，以及進一步的推理。至於這項定理對於經濟政策的關聯性，則是有各式各樣的解讀。在經濟自由主義者以及政治保守主義者眼中，這項定理證明了以市場為基礎的社會所具有的優越性。在左派眼中，那一長串的前提假設則是證明了透過市場追求效率是幾乎不可能成功的事情。單純依賴這項定理本身，並無法解決真實世界的政策辯論。不過，沒有人能夠否認，由於這項定理以及由此衍生出來的眾多文獻，我們現在遠比以往更能理解亞當．斯密的看不見的手在什麼情況下能夠產生效果或是無法產生效果。＊

接下來，且將焦點轉向另一個重要的例子，也就是經濟模型如何有助於釐清看似違反直覺的論點。一九三八年，波蘭裔美籍數學家烏拉姆（Stanislaw Ulam）向年輕的薩繆爾森提出挑戰，要求他指出社會科學中有哪一項命題是真實又非明顯可見。薩繆爾森提出的答案是李嘉圖的比較優勢原則。「彷彿魔術一般，這項命題利用四個數字證明了實際上確實存在著免費的午餐：一道由國際貿易帶來的免費午餐。」[5]李嘉圖在一八一七年證明指出，依據比較優勢而採取的專業化可為所有國家帶來經濟利得；這項證明不僅簡單，而且強而有力。[6]這項原則的非明顯可見性質，從它經常遭到誤解即可清楚看出，即便是博學的評論家也不免如此。林肯的反貿易態度（據說他曾經說過這句話：「我們如果向海外購買製造商品，結果是我們取得商品，外國人賺得錢財；但我們如果購買國內的製造商品，那麼我們不但取得商品，還可以留住錢財。」）也許是後人杜撰的，但卻沒有多少人能夠輕易看穿其中的邏輯謬誤。

早在李嘉圖之前，學界就已明白知道來自其他國家的廉價進口商品可讓一個國家節省勞動力與資本等國內資源，然後再把這些資源投入其他用途。[7]不過，貿易如何能夠讓雙方共同得利卻仍不清楚。尤其是，如果一個國家在各方面的效率都比較高，生產所有商品所耗用的資源都比其他國家少，那麼這個國家是否也有可能從貿易當中得利？李嘉圖為這個問題提

＊滿足看不見的手定理所需的假設是充分條件，而不是必要條件。換句話說，即便在其中部分假設不成立的情況下，市場還是可以達成效率。有些經濟學家就是因為看到這些微的空間，而主張即便達不到亞羅—德布魯的完整標準，自由市場也還是值得採用。

出了肯定的答案。他提出一個數字例子，堪稱是經濟學裡最早（而且最成功）的模型使用案例。那個例子是經濟學家所謂的2×2貿易模型：兩個國家（英國與葡萄牙），兩件商品（布料與葡萄酒）。

李嘉圖寫道，假設葡萄牙投入八十名勞工的勞動力能夠生產特定數量的葡萄酒，投入九十名勞工的勞動力可生產特定數量的布料。英國生產同樣數量的商品，則是分別必須投入一百二十名以及一百名勞工的勞動力。請注意，葡萄牙不論生產布料還是葡萄酒的效率都高於英國。儘管如此，李嘉圖卻證明了葡萄牙可以藉著向英國出口葡萄酒並且進口布料而獲益。這麼一來，葡萄牙「從英國取得的布料，就會比起自己將種植葡萄樹的資本分出一部分去生產布料所獲得的成果還要多」。[8]貿易之所以能夠產生利益，是因為**比較**優勢，而不是因為絕對優勢。國家藉著出口自己生產力相對較佳的商品並且進口自己生產力相對較差的商品而獲利。

如果以上的敘述不夠清楚，那麼請記住薩繆爾森說的：這項原則一點都不明顯可見。你確實需要經過一番思考並且進行一些計算，才能夠理解這項原則。

李嘉圖的簡單模型釐清了貿易利得**不**取決於什麼條件。一個國家要出口一件商品，並不需要比貿易夥伴更擅長於生產這件商品。另一方面，這個國家生產這件商品的能力也不需要遜於貿易夥伴，才能藉由進口這件商品獲益。後續許多世代的理論家對於這個模型的添補，又釐清了這項原則所不依賴的其他條件。商品的多寡，或是有多少國家參與貿易；除了貿易商品之外是不是有其他非貿易商品與服務；貿易在任何一個時期是否平衡；以及資本（或者其他資源）是否能夠從一門產業輕易轉移到另一門產業：這些條件都不重要。事實證明這些簡化都不具關鍵重要性，至少就比較優勢原則以及貿易利得而言是如此。

進一步的研究也釐清了這項原則的限制。舉例而言，導致第一基本定理發揮不了作用的部分條件也會導致貿易損失。我們可以提出至少有些國家因為外部性或規模經濟而在貿易中遭遇損失的例子。一九五〇與六〇年代期間的開發中經濟體開始執迷於這種可能性，因此建立起進口壁壘，希望本國的產業可以興盛發展。此外，即便是存在貿易利得的情況下，也絕不表示國家裡的**每一個人**都會獲益。實際上，大多數現有模型的結論都認為至少有部分群體會遭受損失：例如進口競爭產業的員工，或是技術勞工人數相對豐富的國家裡的非技術勞工。如果有人認為自由貿易會對所有人都有益而予以提倡，那麼這個人恐怕不瞭解比較優勢真正的意義。

比較優勢原則與福利經濟學第一基本定理是兩個最清楚也最重要的例子，顯示模型能夠明白闡述經濟假說的本質：模型究竟表達了什麼內容、模型為什麼有效，以及我們在什麼情況下能夠預期模型具備適用性。不過，這兩個例子代表了經濟學探究問題的一般風格。金融投機對於穩定性是好是壞？我們應該以現金補助還是教育補貼幫助貧窮家庭？貨幣政策應該有更多權衡空間還是該遵循嚴格的規則？面對這些問題，經濟學家的做法都是設想一個模型，然後驗證哪一種結果在什麼情況下會成立。

直接證據極少能夠取代這種嚴謹的思考方式。且舉一個極端案例，並假設我們得到能夠確切解答其中一個問題的證據。這樣的證據必定專屬於特定的地理環境與時期：在一九九五至二〇一四年間，金融投機確實穩定了芝加哥期貨交易所的玉米期貨；在二〇一〇至二〇一二年間，直接現金補助對於坦尚尼亞小學學童帶來的效益確實優於補貼。這類證據雖然有其用處，我們卻必須將其嵌入經濟模型，才能做出適切的解讀。舉例而言，現金補助之所以比補貼有效，是因為現金補助為家庭提供了更高的誘因，還是因為這種做法為執行補助方案的官僚減輕了工作量？藉由既有的證據推測其他情境（或是未來），也需要使用模型。舉例而言，金融投機對於貨幣市場是否也具有穩定效果？玉米期貨的投機在兩年後是不是仍然能夠穩定市場？回答這類問題需要模型，而且經常是看起來模糊又隱而不顯的模型。模型愈明確，我們用於解讀並且推論證據的假設就會變得愈透明。

標準直覺失敗的情形

在經濟學家自嘲的許多玩笑當中，有一則是這麼說的：「經濟學家如果看見一件事物在實際上行得通，就會問這件事物在理論上是不是也行得通。」這麼說聽起來也許頗為荒謬，但只要稍加思考，即可理解到直覺有多麼容易對我們造成誤導，有時候人生又如何會帶來違反直覺的結果。經濟模型可以調整我們的直覺，將這類出乎意料的後果發生的可能性納入考量。這些意外有著各種不同的外貌。

第一類是「一般均衡互動關係」。不同於「局部均衡」或單一市場分析，這個詞語其實只是一種花俏的說法，意指追蹤不同市場當中的反饋效應。舉例而言，勞動市場當中發生的事情會影響商品市場，接著又會影響資本市場，如此等等。追蹤這種連鎖效應經常會大幅限制局限於單一市場的簡單供需模型所得出的結論（有時甚至會加以推翻）。

以外來移民為例，這是在美國以及其他先進經濟體當中深受關注的政策議題。外來移民的增加（假設在佛羅里達）對於該州的勞動市場會造成什麼樣的影響？我們的直覺反應必定會著眼於供需之上：勞工供給增加應該會降低價格，也就是工資。如果沒有第二重或第三重的效應，外來移民帶來的衝擊大概就僅止於此。

然而，當地勞工要是對外來競爭的增加採取外移的因應方式，而另覓國內其他地方的工作呢？如果雇工人數的增加促使該州獲得更多的實體投資，吸引企業前來設置新工廠與門市呢？如果低度技術勞工的增加導致新科技的推行速度因此減慢呢？如果那些勞工的移入刺激了一些專由移工生產的商品種類所受到的需求呢？這些可能性都不免抵銷外來移民所造成的影響。類似的情形似乎曾經發生於一九八〇年，當時邁阿密因為馬列爾偷渡事件而湧入大批古巴移民，人數相當於邁阿密勞動人口的百分之七。柏克萊加州大學經濟學家卡德（David Card）發現這群移民的湧入對於邁阿密的工資或失業率毫無影響，即便是最直接受到衝擊的低技術勞工也是如此。此項結果的確切原因雖然仍無定論，卻有可能是若干一般均衡效應的組合。[9]

以下是採取一般均衡思考方式之所以重要的另一個例子。假設你是一位高度技術性的專業人士（例如工程師、會計師或資深機械師），服務於美國的服飾產業。與越南或孟加拉這類低收入國家擴大貿易，對你是好是壞？你如果只考慮服飾產業可能會受到的影響（也就是局部均衡），必定會認為自己將不免遭受損失。這些國家可能會對美國服飾企業帶來強大的競爭威脅。不過，現在請想想出口面。由於美國的進口增加，整個美國經濟也將擴張對那些新市場的出口，於是出口導向部門的成長就會帶來新的就業機會。因為這些擴張的部門都可能屬於技術密集，所以也就會雇用許多的工程師、會計師與資深機械師。隨著這些多市場互動的影響遍及整個經濟，你可能會發現自己的實質薪資反倒比先前更高，原因是你擁有的技術受到更大的需求，不論你有沒有跳槽到別家公司。*

經濟學的「次優理論」也會帶來出乎意料的結果。次優的一般理論是應用經濟學家最有用的一種工具，看在未受過訓練的人士眼中卻也可能是最不合乎直覺的一件工具。這項理論最早由米德（James Meade）對貿易政策的探討當中發展出來，後來由利普西（Richard Lipsey）與蘭開斯特（Kelvin Lancaster）加以一般化。[10]這項理論的核心洞見指出，在其他相關市場仍然受到限制的情況下，鬆綁部分市場或者開放以前沒有的市場不一定是有益的做法。

這項理論在早期適用於一群國家之間的貿易協定，例如歐洲共同市場。在這類架構下，參與國鬆綁相互之間的貿易，對彼此減少或者消除貿易壁壘。比較優勢原則的基本直覺認為所有國家應該都能夠因此獲取貿易利得，但實際上卻不必然如此。由於貿易協定的優惠本質，法國與德國現在的互相貿易比先前增加，這是一件好事。這種現象稱為「貿易創造效果」。但由於同樣的原因，現在德國與法國向亞洲或美國的低價來源進口的商品也可能進一步減少，而這可不是一件好事。以經濟學術語來說，這種現象稱為「貿易轉向效果」。

要看出貿易轉向如何降低經濟福祉，且讓我們想像美國以一〇〇美元的價格向德國供應牛肉。假設德國徵收二〇%的關稅，把美國牛肉在德國市場裡的消費價格提高到一二〇美元。另一方面，法國供應同品質的牛肉只要一一九美元。在法國與德國簽訂優惠協定之前，

* 這就是令人讚嘆的史托普－薩繆爾森定理（Stolper-Samuelson theorem），由基本的比較優勢延伸而來。這項定理指稱，對貿易開放有益於相對豐富的生產要素（不論這些生產要素雇用於哪個部門），但有害於稀少的要素。這項定理奠基其上的一個關鍵假設，就是不同的生產要素（不同技術類型的勞工與資本）能夠在各個產業之間移動。史托普（Wolfgang Stolper）與薩繆爾森，〈保護與實質薪資〉（"Protection and Real Wages," *Review of Economic Studies* 9, no. 1（1941）: 58–73）。

與美國供應商面對相同關稅率的法國供應商根本競爭不過對手。然而，德國一旦取消了法國進口品的關稅，對美國進口品徵收的關稅卻維持不變，想想看這時會發生什麼狀況。法國供應的牛肉在德國突然變得比對手便宜（一一九美元相對於一二〇美元），於是美國進口品因此敗下陣來。德國消費者享有節省一美元的利益，但德國政府喪失了先前對美國牛肉徵收的二十美元關稅收入（這筆錢原本可以回饋給消費者或是用於減少德國其他種類的稅）。整體而言，德國得到的結果並不好。

「次優」的邏輯可以適用在各式各樣的議題上，其中最廣為人知的是荷蘭病症候群：這個名稱取自荷蘭在一九五〇年代末期發現天然氣所造成的後果。後來許多觀察者都指出荷蘭的製造業在一九六〇年代期間出現競爭力下滑的情形，原因是荷蘭盾在天然氣的發現之後走強，導致荷蘭工廠的市占率下滑。次優的一般理論闡明了資源的大量增加在什麼情況下有可能會是（經濟上的）壞消息。這樣的增加自然會因為貨幣升值而對部分經濟活動（例如製造業）造成排擠。*這點本身並不是問題：結構性改變本來就是經濟進步的一部分。不過，遭到排擠的活動如果原本就供應不足（不論是因為政府施加的限制，還是因為這些活動是技術外溢至經濟其他部分的來源），那就是另一回事了。重要活動縮減所造成的經濟損失，甚至有可能超越資源大量增加所帶來的直接利益。這不只是純粹理論性的問題而已。在漠南非洲的資源豐富國家，政府隨時都必須面對這種挑戰，原因是獲利豐厚的採礦活動所造成的工資壓力不免會侵蝕製造業的競爭力。

次優互動不一定會翻轉標準結論，有時候也會強化市場自由化的論據。在荷蘭病的例子裡，遭到負面影響的如果是會造成環境損害卻又不會因此對社會提供補償的「骯髒」產業，那麼製造業遭遇的衝擊就會是一件好事。不過，次優互動的效果經常會顛覆我們的標準直覺，亦即一項舉動雖然看似方向正確，卻反而導致我們距離目標愈來愈遠。負負有可能得正。由於市場從來就不可能像教科書裡描述的那麼完美，因此這類次優問題也就充斥於現實生活當中。如同普林斯頓大學經濟學家迪克西特（Avinash Dixit）所言：「這個世界頂多是個次優的世界。」[11]由此可見，我們必須謹慎看待經濟學家的基準模型，因為其中假設的都是運作良好的市場。這些模型經常必須受到修正，方法是添加一些比較重要的市場缺陷。關鍵在於挑選恰當的模型加以適用。

策略性行為與互動是違反直覺結果的第三種來源。我們早已在囚徒困境當中見過這樣的例子。在這種案例中，投機行為會導致所有參與者都想避免的結果。更廣泛來說，如同謝林在許久以前指出的，認知到策略性互動（我的行為會影響你的行為，反之亦然）的存在，可能會造成在其他情況下看似毫無道理的行為。[12]我可以威脅用炸彈逼迫你就範，但你如果擁

＊貨幣升值雖是比較直接的機制，同樣的效果卻也可能由國內工資上漲造成。只要國內工資從外幣角度而言出現上漲，就會造成排擠效果，而這樣的上漲有可能是工資提高、國內貨幣升值，或是這兩者的結合。

有報復的能力，我這項威脅就不具可信度；因此，這樣的威脅也就缺乏效力。然而，我要是表現出「瘋狂」的姿態，讓你對我的理性產生懷疑呢？

目的在於讓一名參與者能夠在互動當中占得上風的策略性舉動，有可能採取各種不同型態。為了讓你認定我在達成協議的截止時間之前絕不會進一步退讓，我可能會單純切斷所有溝通管道：也就是採取「拆橋」的策略。為了避免你和我競爭，我可能會建立龐大的超額產能，所以你一旦進入我這門行業，我就會有誘因從事終將導致我們雙方破產的激烈削價競爭。為了提高我身為借款人的可信賴度，我可能會與第三方（黑手黨？）簽訂契約，約定如果我還不出你借我的錢，就由他們對我施加龐大的代價（打斷我的腿？）。[13]在這些案例中，原本在策略性情境以外看起來毫無道理的行為，一旦搭配上改變競爭對手或合作夥伴的成本效益考量的目標，就會突然顯得相當合理。

最後，有些違反直覺的結果則是會產生自「時間不一致性的偏好」（time-inconsistent preferences）。大致上而言，時間不一致性的偏好就是短期內可欲的事物與長期下可欲的事物這兩者之間的衝突。政治人物也許明知印鈔票在長期之下只會導致通貨膨脹，但他們在選舉之前卻經常無法抗拒利用當下的些微通膨刺激額外經濟活動的誘惑。消費者知道自己應該存錢因應老年生活，卻經常忍不住刷爆信用卡。這些例子也屬於一種策略性互動，只不過這種互動是介於今天的自我與未來的自我之間。今天的自我未能忠於可欲的行為模式，即不免對未來的自我造成傷害。

這類問題的一般性解決方案，就是採取預先承諾策略。在通貨膨脹的例子裡，決策者也許會選擇把貨幣政策授權給獨立的中央銀行，其任務可能只負責維持物價穩定，或是由極端保守的銀行家主持。在存錢的例子裡，個人也許會請雇主從薪資中自動扣除退休金。這些案例當中的矛盾，在於縮減個人的行動自由可能會對那個人有益，從而違反了選擇愈多愈好的經濟學格言。不過，這種矛盾只是假象。一類模型裡的矛盾，在另一類模型當中經常就很容易理解。

一次一個模型堆砌而成的科學進展

如果向經濟學家提問經濟學為什麼是一門科學，得到的答案很可能會是：「經濟學之所以是一門科學，原因是我們使用科學方法：我們建立假說，然後加以驗證。一項理論一旦通不過檢驗，我們就會予以揚棄，如果不是以別的理論取代，就是提出改善之後的版本。經濟學終究會藉著發展出更能夠充分解釋這個世界的理論而進展。」

這個回答很不錯，但是卻與經濟學家實際上的作為以及這個領域真正的進展方式沒什麼關係。*別的不提，經濟學家大部分的研究都遠遠偏離先提出假說再以現實世界證據驗證的假說演繹模式。比較常見的策略是針對既有模型似乎無法解釋的特定規律性現象或結果（例如這項看似有違常理的行為：銀行會限定自己對企業放款的金額，而不是對企業收取更高的利率）建立模型。研究者發展出一個新模型，而聲稱這個模型比較能夠解釋那些「異常」的觀察結果。

在信用分配（credit rationing）的案例中，違約風險是一項頗為可信的解釋：利率一旦提高到特定門檻以上，將會導致借款人以風險愈來愈高的計畫進行賭博，因為損失會限定在一定程度。由於有限責任的制度，借款人必須被迫償還債權人的金額可能不會大於自己的有價資產。[14]由此產生的模型，可能會呈現為從基本原理演繹而來的結果。畢竟，普遍認為經濟學家運用的科學方法就是這樣。但實際上，產生此一模型的思考過程涉及相當大量的歸納。而且，由於這個模型是為了解釋特定經驗現實而專門設計出來的結果，因此也就不能用該項現實來直接驗證。換句話說，信用分配本身不能夠用於驗證信用分配理論，因為這種現象就是催生那項理論的原因。

此外，就算經濟學家真的採用了假說驗證的演繹方法，他們提出的模型嚴格說來也不是真正可以受到驗證。如同我們先前看過的，經濟學充滿了結論互相牴觸的模型。儘管如此，經濟學家使用的模型卻極少被這門學問摒斥為明顯謬誤、受到徹底拋棄。學術活動有很大一部分是致力於為這項或那項模型提供經驗資料支持。不過，這些舉證通常相當脆弱，得出的結論也經常遭到後續的經驗性分析削弱（或者推翻）。因此，這門學問裡受到偏好的模型經常不是依據證據決定，而是隨著一時的潮流或是對於適當的模型建構策略的喜好而變。

後續還會有一個章節從社會學的角度探討經濟學這一行。更加基本的重點是，社會現實的變動性質導致經濟模型難以驗證，甚至不可能驗證。首先，社會世界極少會產生乾淨俐落的證據，讓研究者對不同假說的效力做出清楚明白的推論。大多數受到關注的問題（什麼原因促使經濟成長？財政政策是不是會刺激經濟？現金移轉會不會減少貧窮現象？），都無法在實驗室裡研究。我們尋求的肇因通常會受到資料當中的雜亂互動所混淆。經濟計量學家雖然投注了大量心力，但具有說服力的因果證據卻極為難得。

另一個更大的障礙，是我們無法預期任何一個經濟模型能夠普遍適用。我們可以辯論能普遍適用的定律究竟多不多，即便在物理學當中也是如此。†不過，如同我一再強調的，經

---

* 自從孔恩（Thomas Kuhn）出版了《科學革命的結構》（*The Structure of Scientific Revolutions*, Chicago: University of Chicago Press, 1962）之後，就連自然科學也經常受到質疑是否合乎這種理想化的形象。孔恩指出，科學家的研究都局限於特定的「典範」當中，即便面對違反那些典範的證據，他們也還是不願放棄。我對經濟學將會提出不同的論點，我認為經濟學這門科學採取「水平」進展（藉著提出愈來愈多的模型），而不是「垂直」進展（由新模型取代舊模型）。

† 物理學家溫伯格（Steven Weinberg）指出：「當今所知的一切物理定律（唯一可能的例外是量子力學的一般原理）都不是確切而且普遍有效。儘管如此，其中許多卻都已確立為最終形式，在特定的已知情況下有效。今天稱為

濟學是另一回事。在經濟學裡，一切都取決於背景情境。在一個環境中成立的論述，在另一個環境中不必然成立。有些市場是競爭市場，其他市場卻不是如此。有些市場需要次優分析，其他市場卻可能不需要。有些政治體系在貨幣政策當中會面臨時間不一致性的問題，其他政治體系卻不會。如此等等。發現不同社會對類似的政策干預（例如國有資產的私有化或是進口自由化）經常出現大為不同的反應，並不令人意外。精明的經濟學家會應用不同模型來理解不同的結果。這種對於多重模型的依賴，反映的不是模型不夠優良，而是社會生活的因勢而異。

經濟學裡的知識累積不是垂直性的由較佳的模型取代較差的模型，而是水平性的由新模型解釋社會結果當中在先前沒有受到探究的面向。新模型不會真的取代舊模型，而是帶來在若干環境中可能會更切合重點的新層面。

來看看經濟學家對於一項問題的理解經歷了怎麼樣的演變。這個問題就是經濟學裡最基本的問題：市場實際上是怎麼運作的？一開始，焦點都集中在完全競爭的市場，其中有大量的生產者與消費者，但他們全都無法影響市場價格。市場經濟的基本效率性質就是建立於這種競爭市場的情境中。不過，早期還有另外一系列的研究分析了市場在不完全競爭的情況下所產生的結果，包括受到單一生產者獨占的市場以及由少數幾家大企業寡占的市場。經濟學家清楚體認到這類市場當中的行為深深不同於競爭架構下的行為。

競爭模型本質上帶有獨特的形式，但不完全競爭模型的數目與類型則是無窮無盡，唯一的限制僅在於研究者的想像力。除了獨占與雙頭寡占之外，還有「獨占性競爭」（市場中有大量企業，每一家企業都以不同品牌握有市場力量）、貝德蘭價格競爭模型（Bertrand Model）與古諾產量競爭模型（Cournot Model，這兩者是對於價格設定方式的不同假設）、靜態與動態模型（其中影響的是企業能夠維繫的勾結程度）、同時行動與依序行動（由此決定是不是有先進者優勢）等等。端看我們在這些以及其他許多層面當中所採取的假設，我們已從數十年來的模型建構得知不完全競爭能夠產生令人眼花撩亂的各種不同可能性。更重要的是，由於假設的透明性，我們也得知這些結果的每一項是基於什麼假設之上。

一九七〇年代期間，經濟學家開始建構模型以闡釋市場的另一個面向：資訊不對稱。這是現實世界市場的一項重要特徵。勞工比雇主更明白自身的能力。債務人知道自己是不是有可能拖欠債務，但債權人卻無從得知這一點。二手車的買家不曉得自己買的是不是毛病百出的「檸檬車」，但賣家知道。史賓斯（Michael Spence）、史迪格里茲與艾克羅夫（George

---

「馬克士威方程式」的電力與磁力方程式並非馬克士威當初寫下的那些方程式，而是後續數十年來經過其他物理學家的研究之後擇定的結果。……今天，我們知道這些方程式只在有限的情境裡是有效的近似表示……但這些方程式已經以這種形式在這種有限的情境裡存續了百年之久，而且也可望會無限期地存續下去。我認為這種物理定律所對應的事物就和我們所知的其他一切同樣真實。」溫伯格，〈索卡的惡作劇〉（“Sokal’s Hoax,” *New York Review of Books* 43, no. 13（August 8, 1996）: 11–15）。

Akerlof）的研究指出，這些類型的市場可能展現出各式各樣的獨特特徵，包括訊號傳遞（對於沒有明顯可見立即效益的行為做出昂貴的投資）、分配（rationing，拒絕提供一件商品或服務，即便價格較高也不例外），以及市場崩盤。這項研究使得這三位經濟學家在二〇〇一年共同獲得諾貝爾獎，也衍生了大量文獻，至今仍然深具影響力。由於這些研究，我們因此更能夠理解信用市場與保險市場的運作，因為這兩種市場都充斥了資訊不對稱的現象。*

今天，經濟學家都愈來愈把注意力轉向消費者行為不完全理性的市場。這種重新導向造成了一個新領域，稱為行為經濟學，試圖把心理學的洞見與經濟學的模型建構做法整合起來。消費者表現出來的行為一旦無法由現有的模型解釋（例如他們願意多走半英里路去另一家店買一顆便宜兩美元的足球，但購買昂貴的音響卻不願為了節省一百美元而這麼做），這些新架構就帶有極大的潛力。行為一旦受到社會規範或經驗法則而不是成本效益考量的驅使，許多標準結論即不再適用。僅舉兩個例子，只要在不是完全理性的情況下，沉沒成本（早已投入而無法回收的費用）的不相干性以及財務成本與機會成本（沒有被挑到的可能選項所具有的價值）的相等性就無法成立。

儘管極度簡化，這項綜述應可讓人體悟到這門學問中的解釋模型日益擴張的多元性。我們已從競爭模型進展到不完全競爭、資訊不對稱，以及行為經濟學。理想化而且完美無瑕的市場已取代為可能以各種方式失靈的市場。理性行為已加進了心理學的發現。典型而言，這種擴張源自於看似違背既有模型的經驗性觀察。舉例而言，為什麼有許多企業為員工支付的工資比表面上看來類似的工作人員的現行市場工資高出許多？[15]托兒所一旦開始在每天托育時間結束後對接小孩遲到的父母收取罰款，為什麼反而會有更多父母遲到？†每個問題都促成了新的模型。

* 艾克羅夫在諾貝爾獎致詞當中描述了經濟模型建構方式的改變，他自己也參與了此一改變的過程：「在一九六〇年代初始，標準個體經濟理論幾乎全然奠基於完全競爭一般均衡模型之上。到了一九九〇年代，這種模型的研究卻只是經濟理論的一個分支而已。那時候，經濟理論的標準論文和現在的風格非常不同，因為現在的經濟模型都是針對特定市場與特定情境量身訂製。在這種新風格當中，經濟理論不只是對於偏離完全競爭這個單一模型的現象進行探究。在這種新風格下，經濟模型都經過專門設計以描述現實的顯著特徵，原因是這些特徵能夠呈現出當下受到思考的特殊問題。完全競爭只是許多模型當中的一個，儘管其本身是值得注意的特殊案例。由於〈『檸檬車』市場〉（就是讓艾克羅夫贏得諾貝爾獎的研究）是這種經濟學新風格的一篇早期論文，因此其起源和歷史都是那項改變當中的一個篇章。」艾克羅夫，〈書寫〈「檸檬車」市場〉：個人化的解讀〉（"Writing the 'The Market for "Lemons"': A Personal and Interpretive Essay"（2001 Nobel Prize lecture），http://www.nobelprize.org/nobel_prizes/economic-sciences/laureates/2001/akerlof-article.html?utm_source=facebook&utm_medium=social&utm_campaign=facebook_page）。

† 這項著名的以色列托兒所實驗記載於葛尼奇（Uri Gneezy）與魯斯提契尼（Aldo Rustichini），〈罰款是一種價格〉（"A Fine Is a Price," *Journal of Legal Studies* 29, no. 1（January 2000）：1–17）。這兩位作者將此一結果解讀為父母做決定的資訊環境受到改變的後果，而且這種改變方式多多少少與通常的理性假設相容。針對行為常態在施行罰款之後出現的變化所提出的解讀，可見於鮑爾斯（Samuel Bowles），〈馬基維利的錯誤：良好的法律為什麼不足以取代良好的公民〉（"Machiavelli's Mistake: Why Good Laws Are No Substitute for Good Citizens"（unpublished book manuscript, 2014））。

新一代的模型不會導致舊模型因此錯誤或者比較不切合實際；新模型只會為這門學問的洞見擴展範圍。一般的完全競爭市場模型對於許多真實世界問題的解答仍然不可或缺。我們在許多情境中都不需要擔心資訊不對稱的問題（例如在反覆購買簡單的消費商品當中），原因是人在一段時間之後通常都會得知品質與耐久性等相關特質。此外，我們如果認定消費行為總是受到經驗法則驅使，理性極少在其中扮演角色，將會是大錯特錯的想法。先前的舊模型仍然有其用處；我們是在那些模型的基礎上再多加增添。

這樣算是進步嗎？當然是。經濟學家現今對於市場的理解程度是過去從未有過的。不過，這種進步與自然科學的進步不同。這種水平擴張並不假定實際上存在尚未被人發現的自然定律，而是致力於發掘以及理解社會的可能性。

吉爾伯阿（Itzhak Gilboa）與他的共同作者將規則式學習與案例式學習區分開來，從而提供了一項相當有用的類比。[16]「在日常生活以及職業生活中，」他們寫道：「一般人都會利用規則式推理與案例式推理從事預測、歸類、診斷，以及做出道德與法律判斷。」規則式推理的優勢在於能夠以簡約的方式組織大量資訊，儘管在若干應用當中可能會犧牲部分的精確度。另一方面，案例式推理則是透過類比運作，援引其他具有相似性的案例。相關的資料一旦無法在不犧牲太多實用性的情況下濃縮成簡明扼要的規則，案例式推理就會特別有用。如同吉爾伯阿與他的共同作者指出的：「如果科學知識也能視為許多案例的集合，那麼我們就比較能夠理解經濟學當中演化出來的部分做法。」從這種觀點來看，經濟科學的進展乃是藉著擴展有用案例的集合。

模型與經驗方法

模型的多樣性是經濟學的強項所在。不過，對於一門自命為科學的學問而言，這種多樣性也可能被視為一大問題。什麼樣的科學會對每一件事物都各有一個不同的模型？套用吉爾伯阿與他的共同作者所採取的類比，一套案例的集合真的算得上是一門科學嗎？

確實是，只要我們記住模型當中帶有的資訊敘明了本身在什麼情況下切合需求而且可以適用。那些資訊告訴我們什麼時候可以使用一個模型，什麼時候可能無法使用那個模型。繼續採用這項類比來說，經濟模型其實就是案例，而且附有明確的使用指示，教導使用者如何加以應用。這是因為模型透明呈現了自己的關鍵假設與行為機制。

由此可見，我們至少在原則上可以在任何特定情境中區辨有幫助和沒有幫助的模型。舉例而言，我們在個人電腦產業上應該套用競爭模型還是獨占模型？答案取決於這門產業是不是有阻擋競爭廠商進入市場的重大障礙，例如巨大的沉沒成本或者反競爭行為。我們該不該擔心荷蘭病或者貿易轉向效果這類次優問題？答案主要取決於特定的市場缺陷（例如製造業的技術外溢以及對於第三方國家的貿易壁壘）是否存在，而且是否具有重要性。實際上，在模型之間進行探索的這項過程還有其他許許多多的因素，我將在下一章進行更廣泛的討論。不過，正因為模型明白呈現出特定的結果需要有特定的假設才能產生，因此也就可以依據情境分類。模型的多樣性不表示我們想要怎麼樣都可以，而只是表示我們有一套為數眾多的模型可供選擇，而且我們需要以經驗方法做出這樣的選擇。

我不想宣稱經驗驗證是必要的做法或者總是效果良好。不過，即便在經驗資料不具決定性的情況下，模型也能夠促成理性而且建設性的辯論，原因是模型釐清了歧見的源頭。在經濟學裡，政策討論通常表示不同模型之間的較量。沒有受到模型支持的觀點與政策處方，通常沒有立足之地。而模型一旦提出，所有人即可清楚看出辯論各方對於真實世界的假設。這麼做也許不會化解歧見，而且鑒於各方對於現實的不同解讀方式，這種做法確實也通常不會化解歧見。不過，至少我們可以預期雙方終究會對彼此的歧異何在取得共識。

在經濟學裡，這類辯論總是不斷發生。舉例而言，重分配性租稅制度的效果所引發的爭議，重點追根究柢大概就是在於企業家勞動供給曲線的形狀。認為企業活動不受所得誘因影響的人士，對於增稅的擔憂程度遠低於認為企業活動極易受到所得誘因影響的人士。在經濟學裡受到最激烈辯論的議題，也許就是貨幣政策與財政政策在經濟衰退當中扮演的角色。這些辯論的焦點基本上在於經濟復甦究竟是受到經濟的需求曲線還是供給曲線所阻礙。你如果認為總和需求遭到壓抑，通常就會偏好貨幣與財政刺激。你如果認為問題出在供給衝擊（例如因為超額課稅或是因為政策不確定性），那麼你提出的矯正方法就會相當不同。經驗證據偶爾會累積到相當的程度，於是經濟學界對於其中一組模型的偏好會達到無可抗拒的程度。舉例而言，發展經濟學就是在一九六〇年代發現貧窮農民對於價格的反應比許多人原本以為的還要強烈得多，因此捨棄了無知農民的假說，轉為偏好精明農民的模型。*

我涉入其中的一項辯論，則是聚焦於產業政策在低等與中等所得國家當中扮演的角色。[17]這些政府政策採用低息信貸或補助，目的在於促成結構性改變，從傳統的低生產力活動（例如自給性農業）轉向現代化的高生產力產業（例如製造業）。傳統上，批評者都把這種政策嘲諷為「挑選贏家」的策略：換句話說，這是一種徒勞的做法。多年來，經濟研究已經明白指出，在開發中經濟體特有的那種環境裡實施這種政策的理由相當堅實。由於許多涉及市場失靈與政府失靈的原因，現代企業與產業如果必須獨力面對市場力量，規模將會小得多。研究也顯示，政府有許多方法能夠刺激正面的結構改變，而不必挑選贏家：例如像創投公司那樣投資一組新產業。最重要的是，許多模型都已明白指出真正的辯論重點不在於產業政策與經濟學，而是在於政府的本質。政府如果可以至少偶爾成為一股正面力量，並且採取

---

* 諾貝爾獎得主舒爾茨（Theodore W. Schultz）引領了此一轉向。舒爾茨，《改造傳統農業》（*Transforming Traditional Agriculture*, New Haven, CT: Yale University Press, 1964）。

有效的干預行為，那麼某種程度的產業政策就應該受到偏好。如果政府腐敗不已，那麼產業政策就可能會導致情況變得更糟。請注意，這個案例當中的研究已將歧見推到經濟學家不具專長的領域（公共行政）。

模型、權威與階層體系

萊因哈特（Carmen Reinhart）與羅格夫（Kenneth Rogoff）這兩位知名經濟學家在二〇一〇年發表了一篇論文，為一場高風險的政治鬥爭提供了材料。[18]這篇論文似乎證明了公共債務一旦超過國內生產毛額（GDP）的九〇%，就會嚴重阻礙經濟成長。保守派的美國政治人物與歐盟官員於是利用這篇論文為自己對財政緊縮的持續呼籲賦予正當性。儘管萊因哈特與羅格夫對於他們獲致的結果所提出的解讀謹慎得多，這篇論文卻成為財政保守主義者在經濟衰退的情況下仍然主張縮減公共開支的重要證據。

赫恩登（Thomas Herndon）這位安默斯特麻州大學的經濟學研究生於是採取了學者的慣例做法：重做一次別人的研究並且加以批評。連同一項相對不重要的製表錯誤，他發現萊因哈特與羅格夫的研究當中有些方法選擇導致他們獲得的結果引人質疑。最重要的是，儘管債務水準與經濟成長具有負相關性，九〇%這個門檻的證據卻顯得頗為薄弱。此外，如同其他許多人也都指出的，此一負相關本身有可能是低成長導致高債務，而不是高債務導致低成長。赫恩登發表了他與麻州大學教授艾許（Michael Ash）及波林（Robert Pollin）共同撰寫的這篇批評文章之後，隨即引發了一場大型風暴。[19]

由於九〇%的門檻已帶有政治色彩，因此後續遭到推翻也產生了更廣泛的政治意義。萊因哈特與羅格夫強烈反擊許多評論者的指控，這些指控認為他們兩人是自願或甚至刻意參與一場政治欺騙的遊戲。他們為自己的經驗方法辯護，堅稱自己不是批評者口中的那種赤字鷹派。不過，儘管他們極力抗議，他們卻還是遭人指控為一套實際上佐證有限的政策提供了學術掩護。

萊因哈特─羅格夫分析受到的爭議掩蓋了經濟研究當中一項實際上有益的檢視與改進過程。萊因哈特與羅格夫迅速承認他們在製表上所犯的錯誤。針鋒相對的分析釐清了資料的本質與限制，以及不同的處理方法如何改變了結果。說到底，萊因哈特與羅格夫對於證據顯示的內容以及政策意涵所抱持的看法，和批評者也許沒有那麼大的差別；他們其實不認為九〇%的門檻是僵固不變的標準，也同意高債務與低成長間的相關性可以有不同的解讀。這場風暴令人欣慰之處，揭露了經濟學可以依據科學規則而進步。辯論雙方的政治觀點不論有多麼分歧，對於何謂證據卻懷有相同的判斷標準，對於化解歧見所採取的方法也大致相同。

這場辯論在媒體上經常被描繪成兩位世界知名的哈佛大學教授遭到一個較少人知的非正

統學系當中的一名研究生打敗。這種說法其實太過誇大。不過，這場衝突確實展示了經濟學當中的一個重要面向，而且是這門學問和其他科學領域共有的一個面向：一項研究的地位終究不是取決於作者的隸屬機構、學術地位或者人際網絡，而是這項研究是否合乎這門學問本身的研究標準。研究的權威來自於其內部特質（論述是否合理，證據具有多高的說服力），而不是來自於研究者的身分、人脈或者意識形態。由於這些標準在這門學問裡受到一致認同，因此任何人都能夠指出劣質研究並說它品質低劣。*

這點看起來也許沒什麼了不起，但只要和其他許多社會科學或是大部分的人文學科相比，就會發現這是一項多麼不尋常的特質。† 在其他那些領域裡，研究生質疑資深學者的研究絕對討不了好，但這種情形在經濟學當中卻頗常發生。由於模型能夠凸顯錯誤，因此在經濟學裡任何人都可以質疑別人的研究。

這種思想上的民主也有比較不那麼有益的反面影響。由於經濟學家使用的語言和方法相同，因此他們也就很容易忽略或者鄙視非經濟學家的觀點。批評者如果不願意遵循這門學問的交戰規則，就不會受到認真看待（你的模型是什麼？證據在哪裡？）。只有經濟學的圈內人才會被視為經濟辯論的正當參與者，所以經濟學才會出現這種矛盾現象：對於來自內部的批評極為敏感，對於來自外部的批評卻是麻木不仁。

錯誤以及連錯誤都稱不上的論述

瑞士裔奧地利籍物理學家包立（Wolfgang Pauli）是量子力學的先鋒，以他的高標準與尖酸刻薄的機智而聞名。他還是個沒沒無聞的年輕學生之時，曾經在一場研討會上以這句話支持愛因斯坦提出的一項意見：「你知道嗎，愛因斯坦先生說的話其實沒有那麼蠢。」包立對於表面上擺出科學樣貌但實際上陳述拙劣而根本無從檢驗的論述尤其反感。曾有一名年輕的物理學家拿了這麼一件作品給他看，結果他回應道：「這連錯誤都稱不上。」[20]

---

* 關於論證與證據標準能夠通過此一檢驗的社會科學和無法通過此一檢驗的社會科學有何不同，見埃爾斯特（Jon Elster），《解釋社會行為》（*Explaining Social Behavior: More Nuts and Bolts for the Social Sciences*, Cambridge: Cambridge University Press, 2007），尤其是第445-67頁。對於經濟學的一項非常不同的解讀，可見於佛凱德（Marion Fourcade）、奧利昂（Etienne Ollion）與阿爾甘（Yann Algan），《經濟學家的優越性》（*The Superiority of Economists*, MaxPo Discussion Paper 14/3（Paris: Max Planck Sciences Po Center on Coping with Instability in Market Societies, 2014））。這三位作者把經濟學當中對於學術階級的共識，解讀為這門學問裡的頂尖系所施行的一種嚴密控制形式。此外，如同許多自然科學，對於何謂良好研究的準則懷有一致認同，也是此一共識具有相同可信度的解釋。

† 在一項著名的惡作劇當中，物理學家索卡（Alan Sokal）向文化研究領域中的一本首要期刊投稿一篇文章，號稱自己描述了量子重力如何能夠產生一門「解放性的後現代科學」。那篇文章諧仿了文化研究學術圈裡流行的那種繁複曲折的論述方式，隨即獲得編輯的刊登。索卡宣稱他的意圖是要測試這門學問的智識標準，方法則是確認那本期刊會不會刊登一篇「充斥無稽之言」的文章。索卡，〈一名物理學家對文化研究進行實驗〉（"A Physicist Experiments with Cultural Studies," April 15, 1996, http://www.physics.nyu.edu/sokal/lingua_franca_v4.pdf）。

包立的意思大概是說那件作品根本不可能受到質疑，因為其中並未提出明白而且條理清晰的論述。那些假設、因果連結以及隱含意義都模糊不已，以致得出的貢獻無可反駁，而且在任何情況下都是如此。「連錯誤都稱不上」這句話堪稱是任何人能夠想像得到對於學術活動最嚴苛的批評。聆聽過不少場令我對這句話感同身受的講座之後，我可以作證這種現象並不罕見。儘管我明顯帶有偏見，也必須為以下這句話向我的非經濟學家同僚致歉，但這種模糊不清的情形在經濟學裡發生的頻率確實遠低於其他學門。

我為經濟學主張的科學地位並不是特別崇高，距離法國哲學家孔德在十九世紀上半葉提出的實證主義理想其實相當遙遠。在實證主義的概念中，邏輯與證據的結合能夠對社會生活的本質產生愈來愈高的確定性。*經濟命題的通用性與可驗證性都有其限度。經濟科學只是訓練有素的直覺；但這樣的直覺會受到邏輯清楚揭露，並由可信的證據予以強化。愛因斯坦曾經說過：「科學不過就是日常思考的精緻化而已。」[21]在最佳的狀況下，經濟學家的模型能夠提供這種精緻化，但也僅止於此。

---

* 我對於經濟學的看法其實比較接近知識論當中的實用主義傳統，而不是實證主義。

3 探索各種不同的模型

經濟學之所以能夠成為一門科學，就是因為模型。而我們一旦利用那些模型促使自己更加理解世界的運作方式以及如何加以改善，經濟學就會成為一門**有用**的科學。確認該使用哪些模型，表示我們必須加以分析與挑選，把焦點集中在看似切合特定環境而且有所幫助的模型上，同時捨棄其他模型。這種篩選做法在實務上如何進行（更重要的是該怎麼進行），即是本章的主題。不過，首先要提出一項警告：這些方法不但是科學，也是一種技藝。良好的判斷力與經驗是不可或缺的要素，而且訓練的效果也有其限度。也許就是因為如此，經濟學的研究所課程才會那麼不重視技藝。

剛取得博士學位的經濟學研究所畢業生雖然懂得一大批的模型，但是對於該怎麼挑選這些模型卻幾乎沒有接受過任何正式訓練：沒有課堂作業，沒有回家功課，沒有習題。他們採用的通常是最新的模型，也就是在最近一代的研究當中引起這個學門注意的模型。畢業生如果終究成為稱職的應用經濟學家，都是隨著他們在職業生涯中遭遇政策問題與挑戰而陸續習得必要的技能。可惜的是，極少有稱職的經濟學從業者花費心力把自己學到的東西系統化地整理成書本或文章的形式，好讓這個學門裡比較資淺的成員能夠從中獲益。

在經濟學認為自己屬於哪一類科學的正式觀點當中，挑選模型這件事也沒有受到重視。如同我早已探討過的，經濟學界的正式立場認為經濟學的進展是藉著改善既有的模型以及驗證假說。模型必須一再受到修正，直到真正的普遍適用模型出現為止。通不過檢驗的假說會遭到捨棄；通過檢驗的假說則獲得保存。在這種思考方式下，自然就不會認為經濟學家必須在腦中同時記住許多模型，也必須在特定環境與適用的模型之間建構地圖。

經濟學家的工作如果只是擴張模型的數量（換句話說，如果他們是純粹的理論家），那麼他們就不太可能造成重大傷害。不過，大多數的經濟學家也會從事比較實務性的工作，對於兩個相關問題尤其感興趣：世界究竟怎麼運作，以及我們如何能夠改善現狀？從經濟學家的研究在公共討論當中受到的關注來看，世人顯然也預期這些研究能夠應用在實務上。要回答這兩個問題當中的第二個問題，通常必須先回答第一個。實證分析與規範分析（分別探究事物的現狀以及應有的狀態）這兩者之間的關係密不可分。以經濟學家的用語來說，這兩個問題終究都可轉化為這個問題：背後的模型是什麼？

我強調過，模型絕不是對於現實的精確描述。如同寇蘭德（David Colander）與古伯斯（Roland Kupers）所言：「科學模型頂多能夠提供部分真實的陳述。」[1]所以，經濟學家一旦問道：「背後的模型是什麼？」他們並不是希望為自己正在分析的市場、區域或國家找出所有可能表述當中最佳的一個。就算他們真的能夠發展出這麼一項表述，也會因為太過複雜而毫無作用。他們提出這個問題的目的，在於找尋能夠凸顯出當下的主要**因果機制或路徑**的模型。這麼一個模型將會為當下發生的狀況提出最佳的解釋，也最有可能預測我們的行為帶來的後果。

想像看看，如果你的車子發生故障，而你想找出問題所在以及該怎麼修理。你可以把整輛車拆開，一個一個零件慢慢檢驗，盼望自己終究能夠找到那個故障的零件。不過，這麼做不僅要花費大量時間，而且還可能根本無從讓你得到解決方法。畢竟，一輛車是一套系統。故障的問題可能存在於不同零件相互之間的關係，而不是在特定零件當中。另一種方法是，你也可以先試著診斷是車子的哪個子系統（煞車或變速器等等）造成故障。你的診斷可以援引各式各樣的徵象：車子故障前發生了什麼事，車子發動的時候有什麼反應，當然還有當今的修車廠經常採用的那種更加徹底的軟體診斷方式。這種做法終將能夠找出罪魁禍首：也許是冷卻系統，或是點火系統。這麼一來，你就只需要把注意力集中在需要修理的子系統上。

汽車要順利行駛，必須所有的組成部分都正常運作：包括變速器、冷卻系統、點火系統等等。所以，我們可以說這些子系統全都與汽車的移動具有「因果關係」。不過，只有其中一個子系統才是能夠解釋車子故障的主要機制，其他對於我們手上的問題都只是次要的元素。若是針對這輛車建構一套複雜而且貼近真實的模型（例如一輛全尺寸而且功能完整的複製車，就像波赫士筆下那張與世界一樣大的著名地圖），並不會有多少用處。有用的是必須知道該把焦點集中在哪裡。同理，「正確」的經濟模型必須能夠把關鍵的關係分離出來，讓我們能夠理解所有發生的事物中有哪些才是真正的肇因。此外，我們找出適當模型的方法也和我們診斷汽車故障的方式差別不大。

診斷經濟成長策略

我對診斷法出現頓悟，是在我協助開發中國家的政府擬定經濟計畫的時候。那些國家的差別相當大：包括南非與薩爾瓦多，也包括烏拉圭與衣索比亞。不過，在每一個案例中，我的同事和我都面臨同一個核心問題：政府應該採取哪些種類的政策以提高經濟成長率，並且促使社會各階層的收入增加，尤其是弱勢群體。

改革的提議通常多不勝數。

- 有些分析師把焦點集中在技能、訓練，以及改善國家底層的人力資源。
- 有些人把焦點集中在總體經濟政策，建議強化貨幣與財政政策的方法。
- 有些人認為國家必須對貿易與外資更加開放。
- 有些人指稱國家對私人企業課稅過高，而且也有太多其他的經商成本。
- 有些人提議以產業政策改造經濟，培養高生產力的新產業。
- 有些人建議打擊貪腐，並且強化財產權。
- 有些人支持基礎建設投資。

直到最近之前，像世界銀行這樣的多方機構通常會把所有這些建議全部丟進一份文件裡，然後就把這麼一份文件當作成長策略。到了一九九〇年代，決策人士不得不承認這樣的做法其實不太有效。把各種發展政策拉拉雜雜地全部列出來，對政府而言乃是一項野心大到無可負荷的計畫，根本不可能付諸實行。因此，那些政府總是沒有辦法落實大多數的改革。至於政府確實施行的改革，也不必然是最重要的部分，於是經濟仍然沒有起色。在此同時，外部顧問則是為了迴避指責而把問題歸咎於那些國家「改革不徹底」或者出現「改革疲乏」。[2]

我的同事和我提倡一種比較策略性的做法，優先提議一組範圍比較小的改革。這些改革必須把目標對準最大的障礙，避免政府浪費大量政治資本而得不到多少經濟成長的風險。可是，在前述的那一長串改革當中，哪些才合乎要求呢？

答案取決於我們所偏好的成長模型。以「新古典模型」觀點看待成長的人士，會強調物質資本與人力資本的供給，以及此一供給面臨的障礙。偏好「內生」成長模型的人士（也就是藉著投資新科技而推動成長）則是把焦點聚集在市場競爭與創新的環境上。有些人採用的模型把制度品質視為最重要的因素，於是就把注意力集中在財產權與契約執行上。埋首於「雙元經濟」模型中的人士，則是會把目光投向結構轉變的條件以及從傳統經濟活動（例如自給性農業）轉向現代企業與工業的轉變。這些模型各自都為經濟成長的問題提供了一個不同的切入點，而且對於哪些事物必須優先受到處理也有不同的強調。

一旦明白我們在政策上的歧見乃是對於不同模型的偏好所造成的結果，接下來的討論就會變得清楚許多。這麼一來，我們就可以瞭解我們每個人的不同立場。更重要的是，我們可以用手上的證據對不同模型進行非正式的檢驗，藉此縮減我們的歧見。如果有某一個模型為真，也就是能夠在那個特定情境中捕捉到成長背後最重要的機制，那麼我們應該會看到什麼？由於我們沒有那麼充裕的時間能夠等待所有必要的資料匯聚完成，或是對實際的經濟施行隨機實驗或實驗室實驗，因此只能以現有的證據即時檢驗模型。

後來，我們終於發展出一棵決策樹，以協助我們探索各種可能的模型。[3]這棵決策樹看起來就像次頁的這幅圖表，只是這幅圖表省略了許多細節。我們會從樹頂開始，探究投資受

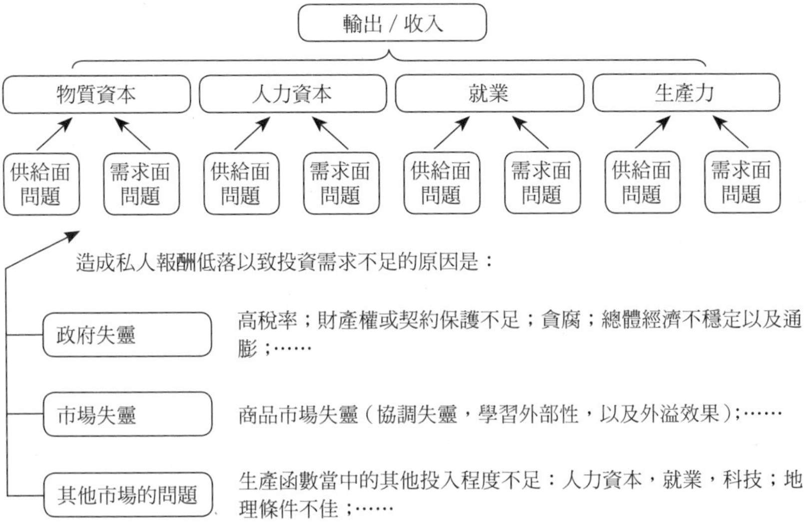

從成長模型到成長診斷

資料來源：Dani Rodrik, “Diagnostics before Prescription,” *Journal of Economic Perspectives* 24, no. 3（Summer 2010）: 33-44。請注意：上圖只顯示了部分細節。

到的限制主要是在供給面還是需求面。換句話說，投資之所以受到壓抑，原因是資金不足，還是報酬低落？限制如果是在供給面，我們就會問這樣的限制主要是因為缺乏儲蓄，還是因為金融體系的運作不良。限制如果是在需求面，我們就會問私人報酬低落是因為市場失靈，還是因為政府失靈。如果罪魁禍首看似是政府失靈，那麼造成這種情形的原因是高稅率、貪腐，還是政策不穩定？如此等等。

在決策樹的每個節點，我們都試圖發展出非正式的經驗性檢驗，以協助我們在不同模型之間做出選擇，從而踏上不同的道路。舉例而言，經濟的主要問題如果是資本供給不足，就像新古典成長模型呈現的那種狀況，那麼借貸成本與投資必定具有反向關係。降低資本成本將會帶來強烈的投資反應。此外，來自國外的資金轉移，例如僑胞匯回家鄉的工作所得或是外國援助，將會引發國內投資熱潮。最資本密集或是最依賴借貸的部門，成長速度將會最為緩慢。模型隱含的後果是否合乎經濟體當中我們觀察到的行為？如果是，那麼「背後的模型是什麼？」這個問題的答案，可能確實會是某種版本的新古典成長模型。

另一方面，在一個投資需求受到限制的經濟體當中，私人投資主要會受到財貨市場當中的獲利性衝擊所影響。舉例而言，企業家一旦遭到貪腐所嚇阻，他們的主要顧慮將會是自己能否保有投資的報酬。資金的可得性對他們的行為不會造成多少影響。僑匯或外國資本流入遽增，只會造成消費熱潮，而不是投資熱潮。（這就是上圖呈現的案例。）這些可能的後果一樣也能夠以觀察到的現實加以檢驗。[4]

儘管可得的證據極少能夠徹底解決這類問題，我們卻經常能夠藉此把一長串的失靈削減為一份簡短許多的清單。在南非的案例中，我們很快就能夠排除占據決策者注意力的部分傳統問題肇因：包括技能欠缺、管理不善、總體經濟不穩定、基礎建設不良，或是欠缺貿易開放。這個經濟體近來的行為顯示以上這些情形都不是主要的限制所在。以模型為基礎的做法迫使我們從整體經濟的角度進行思考（也就是一般均衡），而不是採取局部均衡的角度。舉例而言，商業界人士會埋怨技術勞工難找，於是許多觀察者就因此認定技術短缺是主要的障礙。不過，這個結論卻掩蓋了一項事實，也就是經濟中擴張速度最快的部門其實都是技術密集部門，例如金融業。不論是什麼原因導致經濟停滯不前，總之不會是技術的欠缺。這套架構反倒揭露了幾個關鍵的問題領域——尤其是非技術勞工的成本高昂以及大多數製造業缺乏競爭力。[5]

診斷分析的優點是不會認定一個模型可以適用於所有的國家。我們當初診斷中美洲的薩爾瓦多，就發現現代工業的市場失靈這個模型比較能夠描述這個經濟體的問題。低投資與低成長的現象無法由資金不足、品質低劣的制度與政策、技術低落、勞動成本高昂或者其他各種可能因素加以解釋。舉例而言，薩爾瓦多的經濟獲得許多海外僑匯，而且因為信用評級良好，所以在國際資本市場上也沒有受到任何阻礙。因此，問題不是出在投資的供給面。造成低投資現象的原因，似乎是企業在比較現代而且生產力也比較高的經濟部門當中起步所面臨的困難。其中有些困難源自於無所不在的協調失靈，也就是我在第一章探討過的那種類型。舉例來說，鳳梨罐頭廠如果沒有通往美國市場的頻繁空中貨運服務，就不可能獲利。然而，如果沒有為數眾多的既有出口商（例如鳳梨罐頭廠），貨運服務就不可能獲利。其他問題還包括新行業在成本與市場資訊方面的不足，原因是欠缺能夠以其經驗為新進者提供珍貴訊號的先驅廠商。於是，我們的政策建議也就把焦點集中在這些問題領域。[6]

此外，診斷做法也不認定適合一個國家的模型不會隨著時間而變。隨著情況改變，可能會有另一個模型變得更切合需求。實際上，原本的診斷如果大致上正確，而且政府也有效因應了問題，那麼背後的模型就必定會改變。舉例而言，隨著現代製造業的市場失靈問題受到克服，基礎建設方面的限制（例如港口與能源）就可能會變得更加嚴重。或者，技術短缺也可能變成最主要的障礙。挑選模型是個動態的過程，不是只需挑選一次即告完事。

挑選模型的一般原則

接下來，且讓我們從成長診斷的案例往後退一步。經驗有助於凸顯若干一般規則與做法。關鍵技巧是必須能夠在候選模型與現實世界之間來回移動。就把這種技巧稱為「驗證」吧。挑選模型的過程需要由四種個別的驗證策略相互結合：

一、驗證模型的關鍵假設，看看那些假設是否充分反映我們所面對的情境。
二、驗證模型中設想的機制是否確實運作。
三、驗證模型的直接後果是否實現。
四、驗證間接後果（也就是模型產生的副產品）是否與觀察到的結果大致相符。

驗證關鍵假設

如同我先前討論過的，對於模型的經驗適切性而言，最重要的就是其**關鍵**假設的真實度。這些假設如果經過調整而更加貼近真實，就會產生出大為不同的結果。就這方面而言，許多假設都可能無害。其他假設對於模型所回答的部分類型的問題而言可能具有關鍵性，對於其他類型的問題則不然。

想想這個案例：一個政府因為擔憂高油價，而考慮設定價格上限。要回答這個問題，必須對汽油市場的運作方式選定觀點（模型）。且讓我們大幅簡化問題，只把注意力集中在兩個模型上：競爭模型與獨占模型。競爭模型的提倡者認為高價是供給相對於需求之下太過不足所造成的結果。在這個模型裡，設定價格上限（也就是規定石油公司的定價不得高於特定水準）不會有太大的效果。這麼做只會在消費者需求的汽油量與廠商願意供給的汽油量之間造成一道落差。如此一來，將必須以配給、排隊或其他方式消弭這道落差。實際上，汽油的市場價格將可能隨著總供給量下滑而上漲。有些人可能會因為排在隊伍前方或者獲得配給而以比較低廉的價格買到汽油，可是其他人絕對必須支付比較高的價格。整體而言，這不是一項非常好的政策。

獨占模型的提倡者認為高價是石油業採取卡特爾行為（聯合壟斷）造成的結果。在這個模型當中，石油業會藉著囤積汽油製造短缺現象，以促使價格上漲，從而增加產業的利潤。在這個模型裡，設定價格上限將會造成非常不一樣的結果。一旦實施價格上限，廠商就再也無法藉著控制供貨量而操縱市場價格。如此一來，它們的行為就會趨近於價格接受廠商；換句話說，它們會與競爭模型裡的廠商採取一樣的行為。*價格上限只要不是設定得太低，總供給量就會增加，於是市場價格就會下跌。卡特爾將因此瓦解，而價格上限之所以有效，原因是這種做法發揮了解消托拉斯的政策功能。

在這些模型對於世界的描述當中，有哪些假設分別是關鍵假設與非關鍵假設？首先，這兩個模型都是關於產業的供給面：探究石油公司的行為。因此，我們可以把其中有關消費者以及消費者如何做出選擇的假設擺在一旁。消費者是否完全理性，是否擁有完整的資訊，所得與偏好是否不同，或是時間視野長不長，對我們而言都不太重要。需求面唯一的關鍵假設，就是市場需求曲線為向下傾斜曲線，所以在其他條件不變的情況下，油價上漲會造成汽油的消費量減少。這項命題在許多狀況下都具有可信度，也能夠受到經驗驗證。前述的其他問題在某些情境下也許會成為關鍵問題（例如討論燃油稅的分配效應），但在這個案例中並無助於我們在兩個模型之間做出選擇。第二項假設是，價格設定行為以外的策略層次也沒有影響。所以，對於廠商的雇用策略或廣告策略方面的隱含或明確假設，也一樣可以受到忽略。

此處真正關鍵的假設，是廠商在其中一個案例中擁有市場力量，在另一個案例裡則沒有。在獨占模型裡，廠商認為自己可以藉著限制供給而提高市場價格，但在競爭模型裡，它們就不抱持這樣的希望。就某些方面而言，這乃是對廠商心理的假設。我們無法感應廠商主管的心思而得知他們內心真正的想法。直接詢問他們也不太可能得到可靠的答案，因為這畢竟與他們利害攸關。不過，我們可以檢視普遍的狀況，看看一套特定想法是不是比較可信。

產業中的廠商數量與大小分布將會扮演重要角色。如果廠商數量眾多，而且沒有主導廠商，那麼廠商之間就不太可能會有能力或意願採取非競爭性的行為。新廠商進入這個產業的難易程度，也是另一項重要考量。就算這個產業裡目前只有少數幾家廠商，隨時可能加入新競爭對手的威脅也會嚇阻它們運用市場力量。此外，石油產業是全球性而不是國家性的產業。即便在進口量小的情況下，外國生產商的競爭也可以是市場紀律的額外來源。最後一點，消費者愈能夠輕易用替代能源取代汽油，石油廠商就愈沒有辦法發揮市場力量。這些因素原則上全部都可以受到觀察與衡量。實際上，國家反托拉斯機關只要懷疑廠商擁有市場力量（並且有濫用的現象），經常就會採取這種診斷做法。

模型經常帶有並未明白陳述的關鍵假設。如果沒有仔細檢視這些假設，就可能在實務中造成嚴重的問題。經濟學家與決策人士經歷過一九八〇與九〇年代市場自由化狂熱的教訓之

＊我在此處刻意忽略了關於卡特爾運作機制的部分問題，只單純假設卡特爾的行為就像是統一為一體的獨占廠商。

後，才學到這一點。許多人以為只要鬆綁價格並且取消市場限制，就足以讓市場有效率地運作和配置資源。不過，所有的市場經濟模型都預先假設各種社會、法律與政治制度的存在。財產權與契約必須受到執行，公平競爭必須受到確保，竊盜與勒索必須受到遏阻，正義也必須受到主持。這些制度基礎如果不存在或是太過薄弱，就像開發中世界大部分地區的狀況，那麼鬆綁市場不僅不會帶來預期的結果，還可能導致反效果。舉例而言，前蘇聯的國營企業私有化就經常導致內部人士與政治人物的親信藉機獲取利益，而不是造就有效率的市場。由於先進市場經濟體早已擁有堅實的市場支持制度，使得市場效率背後的關鍵假設受到忽略。西方經濟學家都把那些制度視為理所當然。

開發中經濟體與後社會主義經濟體令人失望的表現將它們的盲點揭露出來之後，經濟學家的反應也一如往常：發展出一批新的模型，強調制度的重要性。這是一項古老洞見受到重新發現的結果：亞當・斯密本身就曾經強調國家在確保自由競爭的條件上所扮演的角色，像諾斯（Douglass North）這樣的經濟史學家也一再指出英國之所以會崛起成為經濟強權，原因之一就是財產權的提升。[7]這些觀念的形式化與延展有助於經濟學家更加理解經濟結果如何取決於那些制度的存在、多樣性以及形貌。由於這些模型的提出，制度在促成經濟效益上扮演的關鍵角色才得以再度受到重視。

驗證機制

模型產生結論的方式，是以假設與因果機制互相配對。在石油產業的例子裡，廠商的供給與市場價格之間的關係就是一項關鍵機制：石油產業一旦限制供給，市場價格就會上升；供給一旦增加，市場價格就會下降。請注意，那些模型並沒有假設世界就是這麼運作，而是藉由推論得出這樣的後果。產業供給與市場價格之間的關係不是一項假設，而是從各項假設推論而出的**結果**，其中特別重要的假設包括需求曲線呈現向下傾斜，而且市場價格由需求與供給的數量達到相等所決定。

在我們的汽油例子裡，這是一項頗為無害的機制，能夠輕易通過驗證檢驗。供給量與價格的關係合乎我們的直覺想法，而且真實世界也有許多例子，顯示供給遭受的衝擊對於價格產生的可觀察影響正符合我們所假設的方向：一九七三至七四年間的石油危機就是一個例子。我們不需要看過需求曲線，也不需要知道市場平衡的技術定義（這兩者都是抽象概念，沒有對應的實體），就能夠認同該模型仰賴的機制具有合理性。但在其他案例當中，這種機制可能源自更為複雜的行為，而可能需要更多的證明。證明如果顯得薄弱，我們就應該顧慮面前的這個模型是否真的適用。

再次想想荷蘭病模型。這個模型解釋了一項自然資源的發現如何可能透過特定管道而損及經濟的表現。資源大增導致該國貨幣升值，於是製造業的獲利能力也就隨之下降。由於製造業被視為整個經濟的技術動能來源（以經濟學的術語來說，就是「正向外溢」），因此製造業遭到的打擊也就會帶來更廣泛的損失。實質匯率和製造部門的健全這兩者之間的關聯在此處極為關鍵。我們如果要利用這項關聯來理解資源豐富國家當中發生的情形，就必須說服自己認定製造部門的地位確實有所衰退。如果沒有真實世界的證據能夠支持模型的運作機制，那麼這個模型大概就不適合引導我們理解實際上的狀況。我們可能必須採用另一個替代模型，藉以解釋為什麼資源大增可能會是不好的事情。舉例而言，我們檢視的模型可能顯示資源收益會在相互競爭的菁英人士之間引發衝突，造成內部紛爭與不穩定。這種情況下的因果機制雖然相當不同，但一樣可以受到驗證。

驗證直接後果

許多模型都是為了解釋常態性觀察到的現象而建構出來。由於這樣的本質，這些模型的直接後果都與現實相符。不過，另外有些模型則是依照基本原理建構而來，利用經濟學門裡偏好使用的建構元件。這種模型在數學上可能相當高深，而且合乎當下盛行的模型建構傳統。不過，這些模型不必然因此就比較有用，尤其是結論與現實之間的關係如果比較薄弱的話。

總體經濟學家尤其容易落入這種陷阱。近數十年來，他們投注許多心力建構需要艱深數學工具的總體模型，裡面充滿了完全理性而且壽命無盡的個人，在不確定性的狀況下解決複雜的動態最佳化問題。套用經濟學的術語，這些模型是「個體基礎」模型：總體層級的後果是衍生自個人的行為，而不只是單純出於假設。原則上，這樣是一件好事。舉例而言，總和儲蓄行為衍生自這項最佳化問題：一名代表性消費者一方面追求消費最大化，同時也遵循著終生（跨期）的預算限制。*相對之下，凱因斯模型則是走捷徑，假設儲蓄和國民所得具有固定關係。

不過，這些模型沒有辦法充分解答總體經濟學的古典問題：為什麼會有經濟繁榮與衰退的現象？造成失業的原因是什麼？財政與貨幣政策在穩定經濟上能夠扮演什麼角色？經濟學家為了讓模型易於處理，而忽略了真實世界的許多重要面向。他們尤其會在假設中消除勞動市場、資本市場與財貨市場的不完美與摩擦。經濟的起伏被歸因於科技與消費者偏好遭到含糊不清的外部「衝擊」。失業者不是在找尋他們找不到的工作，而是代表一名工作者在休閒

* 這類「實質景氣循環」模型的一個早期例子，可見於基德蘭（Finn E. Kydland）與普瑞斯考（Edward C. Prescott），〈建立與總和景氣波動的時刻已到〉（"Time to Build and Aggregate Fluctuations," *Econometrica* 50, no. 6（1982）: 1345–70）。

與勞動之間的最佳取捨。也許不令人意外，這些模型在預測通貨膨脹與經濟成長這類主要總體經濟變數方面的表現頗為拙劣。[8]

只要經濟運行平穩，失業率也低，這些缺陷就不會特別明顯。不過，在二〇〇八至〇九年間的金融危機之後，這些模型的失靈就變得明顯可見。這些新奇的模型完全無法解釋後續的經濟衰退為何規模會如此龐大，持續時間又這麼久。這些模型至少必須多納入一些關於金融市場缺陷的現實因素。傳統凱因斯模型雖然缺乏個體基礎，卻還能夠解釋經濟如何可能陷在高失業率的困境裡，在當時更是顯得比以往都還要切中需求。然而，新模型的擁護者卻不願意放棄這些模型，不是因為這些模型比較貼近現實，而是因為這些模型看起來就是模型該有的樣貌。他們為了自己的模型建構策略而不惜犧牲結論的真實性。

經濟學家對於特定模型建構傳統的依戀（例如理性而且有遠見的個人，或是運作良好的市場等等），經常導致他們忽略了模型與真實世界的明顯衝突。耶魯大學賽局理論家奈爾巴夫（Barry Nalebuff）對世界的認知雖然比大多數經濟學家都還要透徹，卻也不免落入這樣的陷阱。奈爾巴夫與另一位賽局理論家有一天深夜在以色列搭計程車。司機沒有啟動跳表，但是向他們保證抵達目的地之後收取的價錢一定會比跳表還便宜。奈爾巴夫和他的同僚沒有理由信任那名司機。不過，他們是賽局理論家，因此進行了如下的推論：他們一旦抵達目的地，司機擁有的議價能力將會非常低，大概只能接受乘客願意支付的價錢。於是，他們認定司機的提議對他們有利，就接受了這項交易。抵達目的地之後，司機向他們要求兩千五百謝克爾（譯注：以色列貨幣）。奈爾巴夫拒絕這個價錢，只願意支付兩千兩百謝克爾。奈爾巴夫還想繼續議價，那名司機卻怒氣沖沖地鎖上車門，把他的乘客困在車內，然後飛車開回剛剛的出發地點。他把他們趕下車，接著高聲怒吼：「看看你們的兩千兩百謝克爾能把你們載到哪裡去吧。」[9]

在這個案例中，標準賽局理論根本沒有預測到實際上發生的狀況。奈爾巴夫與他的同僚只要稍微運用歸納思考，也許在一開始就會體認到現實世界的人並不會和理論家的模型裡那些完全理性的機器人有著一樣的行為表現！

今天，他們不太可能會再做出一樣的誤判。實驗研究已經普遍得多，賽局理論家對於自己的標準預測出錯之處也有了更多的理解。想想「最後通牒賽局」，其中的算計就足以令人聯想到奈爾巴夫搭計程車的那次經驗。兩名參賽者必須同意如何分享一百美元。一方提出一個不要就拉倒的提議，另一方只能接受或拒絕。對方如果拒絕，雙方就什麼都得不到。如果雙方都做出「理性」的表現，那麼第一名參賽者即可把一百美元當中的將近全部據為己有，只分給對方一小部分（也許只有一美元）。第二名參賽者一定會同意，因為微不足道的一點錢也比什麼都沒有來得好。但在現實裡，人在這種賽局當中的反應卻非常不一樣。第一名參賽者向對方提出的金額大多都在三十至五十美元之間，低於這個金額通常就會遭到拒絕。標準賽局理論幾乎無力預測這種賽局的結果。經濟學家之所以會轉向其他類型的模型，這就是其中一個原因。行為經濟學的近期研究納入了公平性的考量，因此比較能夠適用在類似最後通牒賽局的現實生活情境。

實驗室實驗使用人類受試者，通常是大學生，而且這種做法在心理學當中長久以來都相當常見。由於這些調查研究，經濟學家愈來愈理解到人類行為背後的推動力不僅有物質自利，還有利他、互惠與信任等心態。競爭與市場的模型得出的結果如果在這類實驗中一直無法成立，這些模型就會受到捨棄或者修正。不過，許多經濟學家仍然對實驗室實驗的價值心存懷疑，原因是這種實驗進行於人造環境裡。此外，那些經濟學家指出，在那些實驗裡為人類受試者提供的金錢獎賞通常金額很小，而且大學生可能不足以代表一般人口。

經濟學家近來偏好採用實地實驗，這種實驗原則上可以免於這類批評。經濟學家在這種實驗裡與地方組織合作，通常會將人或社區隨機劃分為「實驗組」與「控制組」，然後觀察真實生活的結果是否會與促成此一實驗的模型所預測的結果相異。我在引言提及的一九九七年墨西哥反貧窮計畫，便執行了最早的一項這種實驗。這項計畫原本稱為「進步」方案，後來改名為「機會」方案，現在則叫做「繁榮」方案，是目前相當盛行的條件式現金津貼方案的先驅。在這項計畫裡，貧窮家庭只要讓子女持續上學，並且定期接受健康檢查，即可獲得收入補助。在設計以及推行這項計畫的過程中扮演重要角色的經濟學家李維指出，這麼做的目標是要利用一些簡單的經濟原則來達成更好的結果。[10]直接現金津貼能夠比早已存在的食物補貼更有效扶助窮人，而且主政者希望這種津貼的條件式元素能夠改善教育和健康。

儘管這項計畫的實施範圍及於全國，卻是採取逐步推行。於是，李維想到自己能夠針對這項計畫的有效性進行乾淨俐落的測試。只要隨機挑選在早期階段參與這項計畫的社區，他就能夠創造出個別的實驗組與對照組。而從這兩個組別中得到的結果差異，即可歸因於「進步」方案的影響。後續的評估發現「進步」方案促使貧窮線以下的人口減少一〇％；中等學校的男女入學率也分別提高了八％與十四％；此外，兒童患病情形也減少了十二％左右。[11]這些正向結果證明該項計畫背後的設計想法確實成立，並且促使了包括巴西乃至菲律賓的其他國家政府制定類似的條件式現金移轉方案。

自從「進步」方案的實驗以來，隨機式實地實驗便席捲了經濟學界。各式各樣的社會政策都使用基本上相同的做法加以評估，包括肯亞免費發送殺蟲劑處理過的蚊帳的政策，乃至巴基斯坦向父母發放報告單，讓他們知道子女就讀的學校和同區其他學校相比之下的表現。以上提及的每一項實驗，基本上都是在驗證其所奠基的經濟模型：在肯亞，那個模型就是些微的負面價格誘因在遏阻蚊帳使用上的效果；在巴基斯坦，那個模型則是父母若獲得更充分的資訊，對於提升學校表現具有正面效果。由這些例子可見，一旦正確辨識出一項重要的限制，那麼充滿想像力的解決方案即可發揮強大的影響力。

舉例而言，米蓋爾（Ted Miguel）與克萊默（Michael Kremer）發現，肯亞對學童採取一種成本相對低廉的除蟲治療方式之後，不但大幅提高了學校到課率，而且後來連工資都出現提升。[12]杜芙若（Esther Duflo）、漢娜（Rema Hanna）與萊恩（Stephen Ryan）發現，印度鄉下地區藉著在教室裡裝設攝影機記錄教師出勤狀況，促使教師曠課現象減少了二一%。[13]除此之外，也有重要的反向結果。至今為止的實地實驗已經證明，微型貸款（通常以婦女或婦女群體為對象的小額貸款）在減少貧窮上並不特別有效。[14]這些結果與微型貸款在發展政策圈子裡受到的炒作形成鮮明對比。有些模型聲稱欠缺貸款機會是貧窮家庭面對的最重要限制，然而這樣的實驗卻對這些模型澆了冷水。

麻省理工學院、耶魯大學與柏克萊加州大學都有致力於從事實地實驗以評估政策並測試模型的大型中心。實地實驗明顯可見的一個缺點，就是和經濟學的許多核心問題只有薄弱的關聯。舉例而言，像是財政政策或匯率政策所扮演的角色這類總體經濟問題，顯然不太可能藉由範圍及於整個經濟體的實驗加以驗證。此外，這種實驗的結果同樣也必須受到審慎的解讀，因為實驗結果可能不適用於其他情境：這是常見的外在效度問題。

經濟學家有時候會利用所謂的自然實驗，測試他們的模型所隱含的後果是否真的能夠實現。這種實驗所仰賴的隨機性不是由研究者製造出來，而是和研究本身無關的情況意外造成的結果。經濟學裡最早的一項這種實驗，是麻省理工學院經濟學家安格利斯特（Joshua

Angrist）檢驗男性進入軍隊服過役之後在勞動市場上的賺錢能力會受到什麼影響的研究。為了避免選擇從軍的男性和選擇不從軍的男性可能在本質上有所不同的問題，安格利斯特於是採用越戰時期的徵兵抽選結果，因為當時這種制度造就了隨機徵兵的現象。他發現，在一九七〇年代初期進入軍隊服役的男性，在十年後的收入比從來不曾服過役的男性低了約十五%。[15]

哥倫比亞大學經濟學家戴維斯（Donald Davis）與韋恩斯坦（David Weinstein）利用在第二次世界大戰期間遭到美國轟炸的日本城市檢驗兩個城市成長模型。其中一個模型奠基於規模經濟（都市密度提高造成生產成本降低），另一個模型則奠基於地點優勢（例如通往一座天然海港的容易程度）。儘管那些轟炸行動顯然不是隨機挑選的結果，卻造就了一種自然的方式，能夠檢驗遭到嚴重摧殘的城市究竟會持續處於蕭條狀態，還是會反彈恢復原有的地位。奠基於規模經濟的模型認為城市規模一旦大幅縮減將無法恢復，奠基於地點優勢的模型則提出相反的預測。戴維斯與韋恩斯坦發現大多數日本城市都在十五年內回復戰前的相對規模，從而為地點優勢模型提供了支持。[16]

經濟學家採用各式各樣的策略驗證不同模型的直接後果是否獲得真實世界的證實，包括非正式與軼事性的證據乃至精細而且量化的證據。實驗方法通常會提供比較可信的檢驗，前提是從事這些實驗的情境必須和實際上的情境具有足夠的相似性。不過，許多政策問題要不是不適合實驗，就是需要即時的答案，因此沒有餘裕能夠從事耗時費力的實地實驗。在這類案例中，結合常理判斷的敏銳觀察力乃是無可取代的能力。

驗證附帶後果

利用模型進行研究的一大優勢，就是模型能夠提供超出初步觀察或者起點問題的各種可能後果。這些額外的後果，為探索模型提供了額外的優勢。這些後果可讓經濟學家從歸納分析轉回演繹分析，而為模型的挑選提供莫大助力。

我在一九九〇年代中期開始研究一項沒有引起經濟學注意的經驗規律現象：受到國際貿易影響的程度比較高的國家，公部門的規模也比較大。這種現象最早其實是由耶魯大學政治學家卡梅倫（David Cameron）在經濟合作暨發展組織的一小群成員國當中發現的。[17]我本身的研究顯示這項發現也適用於全世界幾乎所有的國家（當然是擁有必要統計數據的國家）。問題是為什麼。卡梅倫的假設認為公共支出具有緩衝作用，可為原本可能遭到大量外國衝擊的經濟體提供社會保險以及發揮穩定效果。相關證據也確實合乎這項解釋。

歸納法能夠得到的結果大概就是如此。不過，這項假設還可以再更進一步：詢問此一假設對於真實世界還可能帶來什麼其他後果。如此一來，就進入了演繹階段。卡梅倫的假設如果沒錯，那麼分析將會發現公部門的大小對於經濟的波動特別敏感，而不是受到貿易影響的程度。此一可能後果帶來了另一項更細緻的假設，可以利用資料加以檢驗。我於是進行經驗性檢驗，觀察貿易的外部條件（出口與進口商品在世界市場上的價格）所造成的波動效果，發現得到的結果確實沒錯。我因此斷定風險補償模型頗具可信度。[18]

我的同僚和我也在經濟成長診斷研究當中大量運用這種做法。我們刻意找尋假設當中附帶的其他可能後果，確認這些後果是否成立。第一，一個經濟體的前景如果遭到某個特定領域裡的瓶頸所削弱，那麼相關資源的相對價格也應該會比較高。物質資本（廠房與設備）的短缺應該會造成實質利率飆高；技術的短缺應該會在勞動市場造成高技術溢酬；基礎建設的限制應該會造成電力短缺與交通堵塞；以此類推。第二，供給不足的資源一旦在可得性上出現改變，應該會在經濟活動當中引發特別巨大的反應。資本受限經濟體當中的投資，應該會對僑匯以及其他外國資金的流入產生強烈反應；報酬受限經濟體當中的類似流入則是對消費的刺激高於投資。

第三，嚴重限制應該會造成企業與家庭做出能夠促使它們避開該項限制的投資。如果電力供給不足，我們應該就會看見私人發電機的大量需求。大型企業如果受到過度管制，我們應該就會看到企業採取限制自身規模的做法。貨幣不穩定的狀況如果很嚴重，我們應該就會看見日常交易與金融交易轉向外國貨幣（「美元化」）。最後，表現相對比較好的企業，應該會是那些對於供給不足的資源仰賴程度較低的企業。如同我的前哈佛大學同僚豪斯曼（Ricardo Hausmann）常說的，我們在沙漠裡之所以會看見許多駱駝，卻極少看見河馬，原因顯而易見：其中一種動物生活在水裡，另一種動物則是根本不太需要水。*同樣的，在一個像南非這樣的經濟體當中，我們之所以只看見技術密集企業興盛發展，原因是非技術勞工的工資特別高昂。

再談外在效度

歸根究柢，模型挑選和實驗室實驗或實地實驗的外在效度其實有些相像。我們有一項在某個情境裡適用的想法（模型）；問題是這個想法是否也適用於另一個情境（真實世界）。模型的外在效度取決於其受到應用的情境。我們只要不再宣稱我們的模型能夠普遍適用，並且接受模型的適用有其條件，我們就能夠找回模型在經驗上的適切性。

外在效度不是一個能夠以科學方法回答的問題，儘管我們先前已經看過，富有想像力的經驗方法確實有所幫助。有很大一部分都取決於基本上算是類比推理的思考方式。如同薩格登（Robert Sugden）說的：「模型世界與真實世界之間的鴻溝必須藉由歸納推理搭起跨越的橋梁……〔而這點〕必須仰賴對於『相似性』、『顯著性』與『可信度』的主觀判斷。」[19]我們雖然能夠想像如何以形式化或量化的方式表達「相似性」這種概念，但這種做法在大多數情境下卻沒有什麼幫助。模型要能夠變得有用，技藝是一項無可避免的元素。

* 豪斯曼、科林格（Bailey Klinger）與瓦格納（Rodrigo Wagner），《實際從事成長診斷》（*Doing Growth Diagnostics in Practice*）。我在此處深深仰賴這本書對於「診斷訊號」的概述。

4 模型與理論

讀者也許已經注意到，我到目前為止大致上都刻意避開「理論」一詞。儘管「模型」和「理論」有時候可以互相代換使用，尤其經濟學家更是經常這麼做，但我們最好還是把這兩個字眼分開看待。「理論」一詞帶有野心的色彩。在一般性的定義當中，理論指的是一套觀念或假設，用於解釋特定事實或現象。有些用法假定理論已經受過測試與驗證，有些用法則是單純把理論視為一項斷言。廣義相對論與弦論是物理學的兩個例子。一般認為愛因斯坦的廣義相對論已經受到後續的實驗研究充分證明；至於發展時間比較晚近、目標在於統合物理學當中所有力與粒子的弦論，則是至今尚未受到多少經驗性支持。達爾文以自然汰擇為基礎的演化論不可能受到直接驗證以及實驗驗證，原因是物種演化的時間極長。不過，這項理論受到許多推測性證據的支持。

如同這些自然科學領域的例子所示，我們假定理論是到處通用而普遍有效的。同樣的演化論在北半球與南半球一樣適用，甚至可能也適用於外星生物。但經濟模型不一樣。經濟模型要視情境而定，而且種類幾乎無窮無盡。經濟模型提供的解釋頂多只是局部解釋，而且也不過只是抽象建構，目的僅在於釐清特定互動機制與因果路徑。藉著把其他所有可能的肇因都排除於模型的分析之外，這種思想實驗的重點乃在於隔離以及辨識一小組肇因的影響效果。經濟模型無法對真實世界的現象提出完整解釋，原因是那些現象可能是許多肇因同時運作造成的結果。

要瞭解模型與理論的差別，以及這兩者的重疊之處，我們首先應該把三種問題區辨清楚。

第一類是關於「什麼」的問題：A對X會造成什麼影響？舉例而言：提高最低工資對於就業率會造成什麼影響？資本流入對於國家的經濟成長率會造成什麼影響？政府支出增加對通貨膨脹會有什麼影響？如同我們見過的，經濟模型為這類問題提供答案的方式，是描述合理的因果路徑以及釐清這些路徑如何取決於特定情境。請注意，回答這些問題不等於做出預測，就算我們可以合理確信自己擁有適當的模型也是如此。在真實世界裡，除了我們分析的效果之外，其他許多事物同時也會出現變化。我們認為提高最低工資會導致就業率下滑的預測也許正確，但在真實世界裡，此一效果卻可能受到干擾，例如需求的整體增加促使雇主在此一情況下仍然增聘員工。這種分析是經濟模型的典型領域。

第二類是關於「為什麼」的問題，是要為觀察到的事實或發展尋求解釋。工業革命為什麼會發生？美國在一九七〇年代之後為什麼會出現不平等加劇的現象？二〇〇八年全球金融危機為什麼會發生？在每一個案例當中，我們都可以想出聲稱能夠提供答案的理論，而且不只是經濟學方面的理論。不過，這些理論只適用於各個案例的特定情境，而無法普遍適用。這些理論的目標在於讓我們理解特定歷史事件，而不是描述一般性的律則與傾向。

儘管如此，建構這類理論對分析者來說仍然相當困難。經濟模型仔細檢視特定肇因造成的後果。經濟模型回答的是統計學家格爾曼（Andrew Gelman）所謂的「向前因果」問題。不過，在事後解釋一件事，必須仔細檢視所有可能的肇因。再度套用格爾曼的說法，這是一種「反向因果推論」，這種做法必須找尋特定模型，或是某些模型的組合，而能夠對探究中的事實提出解釋。這種過程涉及我們在前一章看過的那種模型挑選與分析。特定模型是建構這類理論的必要成分，我們在後續將會看到這一點。[1]

最後一類問題，則是經濟學與社會學裡那些永恆的大問題。什麼因素決定了社會裡的所得分配？資本主義是一種穩定還是不穩定的經濟體系？社會合作與信任的源頭是什麼，又為什麼在不同社會中會出現差異？這些問題是鉅型理論的領域。成功回答這類問題，不但能夠為過去提供解釋，也能夠為未來提供指引。在那樣的程度上，這種理論將構成人類社會版本的自然物理定律。當代經濟學經常因為不挑戰這種大問題而遭到批評。今天的馬克思或亞當．斯密在哪裡？他們如果活在今天，是不是連在一所普通的大學也拿不到終身教職？這樣的批評確實有其道理。不過，一項合理的反駁是，社會科學裡不可能建構出普遍適用的理論，我們頂多只能提出一系列依情境而變的解釋。

經濟學確實存在一般性理論，有一些特定模型宣稱自己對由市場主導的社會的運作方式具有強大解釋能力。我們後續將會看到，這些模型可以闡明不少問題。不過，我主張一般性的經濟理論只是為變化萬千的經驗事件所建立的架構而已。這只是一種組織思維的方式，而不是獨立自足的解釋架構。這種理論本身對世界沒有任何影響力，必須結合大量的情境分析，才會產生用處。

接下來，我將把注意力轉向中間類型的理論，這種理論的目的在於解釋經濟當中的特定發展。我把焦點集中於一個具體問題：美國的不平等現象為什麼在一九七〇年代之後增加的幅度那麼大？我們將評估不同模型的相對貢獻，並指出這麼一項過程就算不會產生決定性而且廣受同意的理論，也還是能為我們帶來洞見。

價值以及價值分配的理論

經濟學裡最根本的問題也許是：價值是什麼創造出來的？對於經濟學家而言，這個問題的意思是：什麼能夠解釋不同商品與服務在一個市場經濟當中的價格？經濟學裡的「價值理論」基本上是一項價格形成的理論。這個問題如果在當代讀者眼中看來不再具有基礎性，也不是特別引人注意，原因是理論發展早已揭開環繞在此一問題周圍的迷霧，消除了這個問題的神祕色彩。

亞當・斯密、李嘉圖與馬克思等古典經濟學家都認為生產的成本決定了價值。一件事物的生產成本如果比較高，其價格必定也比較高。至於決定生產成本的因素，則是支付給勞工的工資，不論那些勞工是直接參與生產活動，還是間接製造了用於生產活動的機器。這種觀點稱為「勞動價值論」，以便和先前的理論區別開來，例如法國重農主義者認為土地是價值的終極來源。

不過，指稱勞動創造價值畢竟不等於解釋工資水準。古典經濟學家對於工資水準的觀點通常頗為悲觀。他們認定工資會維持在維生水準邊緣，也就是讓一個家庭得以溫飽並且能有棲身之處的最低水準。工資如果高出這個水準太多，就會造成人口增加，原因是家庭能夠養活更多子女，於是勞動人口也會增加。如此一來，工資就會再度降回「自然」水準。因此，經濟發展與科技進步的主要受益者將會是地主，因為地主人數有限。由於這種以馬爾薩斯為代表的思考方式，十九世紀散文家卡萊爾（Thomas Carlyle）才會說出經濟學是「憂鬱的科學」這句名言。

影響力深及二十世紀的馬克思，也一樣信奉勞動價值論。他同樣認為工資會受到壓低。不過，在他的理論裡，罪魁禍首卻是資本家，因為他們會剝削勞工，並且利用「失業者的儲備大軍」約束勞工。在馬克思的案例中，資本家剝奪了勞工的勞動所產生的剩餘價值。不過，這卻是一種慘勝，因為資本家之間的競爭終究會壓低利潤率，而引發資本主義體系的整體危機。

勞動價值論把決定價格的責任完全歸諸生產面，因此對消費者沒有什麼見解。不過，需求面難道沒有扮演任何角色嗎？價格不是也應該會對消費者的偏好以及這些偏好的改變出現反應嗎？古典觀點聚焦於長期演變，對於短期波動或是**相對**價格的決定沒有什麼見解。

價格決定的供給面與需求面在十九世紀末隨著「邊際學派」革命而得以完全結合。傑文斯（William Stanley Jevons）、瓦爾拉斯、龐巴衛克（Eugen von Böhm-Bawerk）、馬歇爾、維克塞爾（Knut Wicksell）與克拉克（John Bates Clark）等邊際學派經濟學家，又把分析的基準往後退了一步：從工資與租金等觀察到的數量轉向無法觀察的假設性數學建構觀念，例如「消費者效用」以及「生產函數」。他們容許不同生產投入（例如勞動力與資本）的互相代換，從而把古典做法一般化；這麼一來，他們即可分析企業如何在工資與機器價格出現變化的情況下從雇用勞工轉為使用機器。利用明確可見的數學關係，使他們能夠把不同市場的價格、成本與數量的決定描述為消費者偏好與生產技術狀態同時造成的結果（而且也是這兩者的相互作用）。

邊際學派建立了現代價值理論的一項主要洞見：亦即價格由邊際決定。舉例而言，汽油的市場價格不是由汽油的**平均**生產成本或者消費者評價所決定，而是由賣出的**最後一單位**汽油的成本與評價所決定。在市場均衡當中，最後那一單位（邊際單位）的生產成本與消費者評價不但彼此相等，也等於市場價格。如果不是這樣，市場就沒有達到均衡，於是會再出現調整以回歸均衡。市場價格如果高於消費者對最後一單位的評價，消費者就會減少購買量；如果低於消費者評價，消費者就會增加購買量。同樣的，市場價格如果高於最後一單位的生產成本，企業就會增加生產量；如果低於生產成本，企業就會減少生產量。

邊際學派發現供給與需求曲線代表的正是生產者與消費者各自的邊際成本與邊際評價。市場價格就是這兩條曲線的交會點。對於價值究竟是由生產成本還是消費者利益所決定的問題，答案是由這兩者共同決定，而且是由邊際決定。

邊際學派對於價格決定的觀點，同樣也能夠適用在生產成本上。勞工的收入（工資）由勞工的邊際生產力決定，資本家的收入（租金）則是由資本的邊際產量決定：亦即最後一單位的勞動力與資本各自對企業的產出所添加的貢獻。假設生產是在報酬規模固定的情況下進行，也就是說資本與勞動力的數量只要加倍，產出的數量也就會加倍。在此一假設下，數學計算便可保證：只要向勞工、資本以及其他投入支付相等於其邊際生產力的酬勞，就會把生產帶來的收入完全配置給對生產有所貢獻的一切投入。換句話說，我們不但有了一項價值理論，還有一項分配理論（誰得到什麼）。

這項理論告訴我們國民所得如何在勞動力與資本之間分配。我們如果進一步區辨不同種類的勞動力，也就能得到所得在不同技術種類的勞工之間的分配，諸如高中輟學生、高中畢業生以及大學畢業生。這就是所謂的功能性所得分配。把功能性所得分配和一般人擁有的資本類型及數量這項資訊結合起來，即可得出所得在個人或家庭之間的分配：也就是個人所得分配。

這類理論的用處有多高？表面上看來，新古典綜合學派似乎為經濟學的兩個基本問題提出了堅實的答案：價值由什麼創造，價值的分配又是由什麼決定？這些理論已經釐清了一大部分。尤其是，我們現在已經瞭解生產、消費與價格如何形成一套系統而共同受到決定。此外，我們對於功能性所得分配也有了一項可信的陳述。不過，這些理論都是奠基於無法觀察到的概念之上，包括邊際效用、邊際成本、邊際產量。這些概念需要額外的假設以及更多的架構，才有可能用來進行衡量與解釋。而且，這些概念也絕對無法普遍適用。後續研究已明確指出，即便依照其本身的邏輯，這些理論也還是必須仰賴特殊情況。

我們已經看過價值理論奠基其上的供需框架必須加上重要的限制條件。可以實現完全競爭的情境可能不存在，市場可能會受到一小群生產者所壟斷。消費者的行為可能非常不理性。生產可能受制於規模經濟，邊際成本也可能隨著生產數量增加而降低，違反向上傾斜的標準供給曲線。況且，「生產函數」與「效用」這類概念究竟又是從何而來？企業獲取、採行以及使用技術的能力明顯各有不同。消費者偏好也絕非固定，而是在一定程度上會受到經濟與社會世界當中發生的事件所形塑。只要打開這些黑箱，就會為理論帶來尚未完全解決的新挑戰。

新古典分配理論有其本身的特殊漏洞。別的不提，單是認為「資本」是一種統合的生產要素，是一項前後一致並且可以衡量的概念，就在經濟學界引發了不少爭議。不過，暫且把這個棘手的議題擺在一旁。單純聚焦在工資上，邊際生產力理論是否合乎勞動報酬的行為？

答案是這點取決於我們檢視的特定問題以及情境。觀諸各國，工資水準的差異有八〇%至九〇%都可以由國家勞動生產力水準的差別解釋。我們無法直接觀察邊際生產力，只能衡量平均勞動生產力（國內生產毛額除以就業率）。不過，只要各國的平均值與邊際值之間的關係差異不大，那麼各國的工資與平均勞動生產力之間的緊密關聯即可解讀為支持這項理論。這不是一件微不足道的小事。舉例而言，這點可讓我們斷定孟加拉或衣索比亞的工資之所以遠低於美國，主要原因是那些國家的生產力極為低落，而不是因為對於勞工的剝削或是高壓性的制度。制度也許有其影響，但直接影響的對象似乎頂多只有各國的勞動力與資本之間的所得分配差異當中的一小部分。[2]

不過，且讓我們看看美國自從二〇〇〇年以來的發展。平均實質報酬在二〇〇〇至二〇一一年間每年成長一%左右，從時薪三十二美元左右提高至三十五美元（以二〇一一年美元為準計算）。另一方面，勞動生產力在同期則是每年成長一．九%，將近是報酬成長率的兩倍。造成此一落差的部分原因是美國勞工消費的商品價格比他們生產的商品價格上漲速度更快。所以，勞工的消費能力增加的速度比不上生產力：標準理論不需要做出幅度太大的修改，即可涵蓋這種現象。不過，這種相對價格效應只能解釋該項落差的四分之一左右，所以另外四分之三仍是個謎。*

如果要完全維持在新古典分配理論的界線內，我們就必須說勞動力對於產出的邊際貢獻在這段時期大幅下跌。一個可能的禍首，就是機器以及其他形式的資本受到愈來愈多的使用，還有勞工遭到新技術取代。實際上，許多經濟學家都以此項論點解讀過去十年來的工資低成長現象。不過，同樣的結果也有可能是由新古典理論範圍以外的變化造成：包括議價、職場規範，以及諸如最低工資這樣的政策。區辨這些不同解釋非常困難，原因是新古典理論仰賴數學表述潛藏在表面之下的技術（「生產函數」）以及其中的變化，但這些都不是可以直接觀察到的。歸根究柢，一項無法受到清楚確認的理論並沒有特別大的幫助。

另外還有其他許多不同的分配理論。有些強調雇主與員工之間的明確議價行為，普遍存在的工會與集體議價規則能夠形塑這兩方對於收益的分享方式。像是執行長這種高所得者，其報酬水準似乎也主要是由議價決定。[3]其他模型則是凸顯社會規範在報酬落差當中扮演的角色，例如執行長與普通員工之間被人認為可以接受的報酬落差幅度。大多數的經濟學家都會同意美國與歐洲的勞工大幅受益於一九五〇與六〇年代期間那種較具平等精神的社會認知。另外有些模型認為對於利潤最大化的追求，驅使若干企業給予員工高於現行市場工資的報酬，卻又沒有偏離邊際生產力框架。舉例而言，雇主如果要激勵員工或者把勞工流動率降到最低（以便減少雇用與訓練的支出），可能就會願意支付高於市場工資的所謂「效率」工資。這些不同問題促使我們捨棄通用式的模型，而再度回頭採用可能比較適合不同情境的特定模型。

大理論帶來的成果終究達不到其原本的承諾。大理論只是膚淺地辨識出近似原因，但必須由大量的細節支撐，而這些細節又必然隨情境而異。如同我先前強調過的，這種理論最好就是僅視為一種架構。

---

* 米舍爾（Lawrence Mishel），《生產力與報酬成長中位數之間的落差》（*The Wedges between Productivity and Median Compensation Growth*, Issue Brief 330（Washington, DC: Economic Policy Institute, 2012））。米舍爾聚焦於工資**中位數**，此一數值因為報酬不平等情形增加，因此上升速度遠低於平均工資。

景氣循環理論與失業理論

自從薩繆爾森的博士論文在一九四七年出版為《經濟分析基礎》（*Foundations of Economic Analysis*）這部著作之後，經濟學就區分為個體經濟學與總體經濟學。個體經濟學的領域是價格理論，也就是前一節討論的那些觀念。總體經濟學探究的是經濟總量的行為，尤其是通貨膨脹、總產出以及就業。總體經濟學把經濟活動中的起伏波動，也就是經濟學家所謂的「景氣循環」視為核心問題。在這方面，同樣也不乏鉅型理論。隨著每一次景氣循環，我們已對這種現象獲得許多瞭解。不過，想要為景氣循環的肇因發展出一項大統一理論的嘗試，卻不得不斷定為失敗。

在古典經濟學家眼中，個別市場與整體經濟的運作方式並沒有太大的差別。失業尤其可以被理解為工資（勞動力的市場價格）設定在錯誤水準上所造成的後果。工資如果太高，雇主雇用的員工就會太少，就像蘋果價格太高也會導致蘋果消費量太少一樣。這種情境稱為「古典式失業」。同樣的，經濟當中的整體價格水準也是由體系中的貨幣量與流動性所決定。持續的物價膨脹是太多貨幣流通造成的結果。

古典經濟學家對於景氣循環的看待方式，可以由他們認為總體經濟具有自我穩定性（儘管當時還不存在這個用詞）的觀點做為代表。失業現象終究會因為工作短缺促使工資下滑而受到消除。通貨膨脹同樣也會自行化解：國際競爭力因此遭受的損失將會導致貿易赤字，黃金因此外流至其他國家，從而促使國內貨幣供給出現修正性減少。這些理當會自動發生的調整機制，確保了景氣循環、通膨以及失業都會自行化解問題。黃金本位制就體現了這種經濟正統觀念，實施的時間並且一路延續至二十世紀。在黃金本位制之下，各個國家都根據黃金釘住本國貨幣價值。舉例而言，美國的黃金價格在一八三四至一九三三年間都一直固定維持在一盎司二〇．六七美元。* 政府對於跨越國界的貨幣自由流動毫不干預，實際上等於是對貨幣政策撒手不管。當時沒有我們今天所知的財政政策或穩定政策的概念。政府可以（也應該）無所作為，只要不阻礙這些調整就好。

凱因斯卻不這麼認為。他是一位保守的革命分子，提出的學說是為了避免資本主義陷入他認為其中固有的不穩定性。凱因斯主張存在失業現象的經濟還是有可能在相當長的一段時間裡維持在均衡狀態。古典調整機制發揮作用所需的時間太長了，可能要好幾年，甚至數十年之久。然而正如他的名言，就長期而言，「我們都死了」。此外，凱因斯指出，政府其實有許多事情可以做。凱因斯認為，私人需求一旦不足以產生充足的就業，政府就應該介入，增

* 除了一八六一至一八七八年間的美鈔時代這段時期以外。博爾多（Michael D. Bordo），〈古典黃金本位制：可供今天參考的一些教訓〉（"The Classical Gold Standard: Some Lessons for Today," *Federal Reserve Bank of St. Louis Review*, May 1981, 2–17）。

加財政支出。就算擴張的政府計畫只是雇用勞工去挖掘溝渠，然後再把溝渠填平，終究還是會帶來就業更充足以及國民所得上升的結果。經濟大蕭條促使這些觀念廣為散播，原因是各國政府發現自己被迫必須因應災難性的失業情形：這種情況在美國臻於頂峰之際，共有四分之一的勞動人口失業。

凱因斯是格外傑出而且充滿風趣的寫作者，但他沒有建構出明確的模型，而且他的推論有時顯得模糊不清。直到今天，經濟史學家對於這位理論大師的某些話究竟代表什麼意思仍然爭論不休。他的巨作《就業、利息與貨幣的一般理論》（出版於一九三六年）才剛推出，試圖概括凱因斯框架的模型就開始出現。在這些作品當中，最著名並且在後續數十年間影響力最大的是希克斯（John Hicks）的〈凱因斯先生與「古典學派」〉（Mr. Keynes and the “Classics”）。[4] 希克斯的模型是將凱因斯的觀點轉化為標準總體經濟學的媒介：儘管有許多人（包括凱因斯在內）都指責這個模型頂多只是《一般理論》的局部表述而已。實際上，凱因斯明白表示自己無意根據自己的觀念建構模型。他認為重要的是傳達一些「比較簡單的基本觀念」，而不是把這些觀念具現為特定形式。[5]

對於凱因斯體系而言，至關緊要的是經濟當中的儲蓄和投資有可能會不平衡。這兩者必須在事後彼此相等，以合乎會計恆等式：儲蓄起來的金錢必定要流入投資，而所有投資也都必須由儲蓄提供資金（先忽略國家之間的借貸）。不過凱因斯強調，促使會計恆等式成立的機制有可能會在經濟中帶來失業現象。具體而言，假設家庭希望儲蓄的金額在一開始超過投資。凱因斯認為投資由心理因素（「動物本能」）決定，而這些心理因素大體上都存在於總體經濟變數（例如利率）之外。投資水準如果因為其他考量而頗為固定，儲蓄就必須調整。那麼，儲蓄要怎麼降低到與投資相等的水準？

古典經濟學家針對這個問題提出的回答，必定會強調價格調整所扮演的角色，包括利率在內。價格水準下滑，或是利率降低，將會提高家庭消費的誘因，而終究造成儲蓄減少。凱因斯認為這種價格改變的速度太慢，尤其是在向下變動的情況下。於是，他轉而強調總和產出與就業水準的調整。由於家庭儲蓄取決於家庭所得，因此產出減少（以及因此而來的所得與就業降低）也會造成儲蓄減少，從而比較接近於和投資相等。此外，在經濟蕭條的情況下，由於失業率飆升，因此眾人可能會想大量囤積錢財，於是利率對經濟環境變化的反應就不再靈敏。這就是凱因斯學派的「流動性陷阱」。在這種情境裡，唯有透過產出與就業方面的大幅下滑，才有可能造成所需的調整。個別家庭的高儲蓄水準，在集體層面上會帶來自我挫敗的後果。經濟衰退因此隨之而來。

在這個總和需求自主變化的模型裡，造成的結果就是景氣循環的波動。需求不足是失業的根本肇因。私人投資或消費支出如果增加，就能夠解決這個問題。如果這兩者都付之闕如，政府就必須採取行動：財政支出必須擴張以彌補私人需求的欠缺。這種需求面的總體經濟學觀點，在一九七〇年代期間相當盛行。闡釋這種觀點的模型種類愈來愈多，並且衍生出大規模的電腦模型，能夠為就業水準以及產能利用率這類重大的總體經濟總量提出量化預測。

接著發生了兩件事：石油危機與盧卡斯（Robert Lucas）。因為石油輸出國組織的禁運措施而引發的一九七三年石油危機，造就了經濟學家先前不曾注意過的新式經濟情勢：同時出現衰退與通膨，也就是所謂的「停滯性通貨膨脹」。面對明顯可見的供給面衝擊，需求面模型實在沒什麼用處。當然，凱因斯模型可以經過調整而涵蓋投入品價格上漲所造成的影響。有許多嘗試都是為了做到這一點。不過，芝加哥大學經濟學家，同時也是未來諾貝爾獎得主的盧卡斯，卻提出一套觀念，不但讓總體經濟學領域徹底改頭換面，而且終究對凱因斯模型造成了更大的破壞。

在一九七〇年代末期，盧卡斯把古典思維以新面貌重新帶入總體經濟學。連同其他人（尤其是當時任職於明尼蘇達大學的薩金特〔Tom Sargent〕），盧卡斯指稱凱因斯模型對於個人在經濟當中的行為以及他們對政府政策的因應方式都採取了太過機械化的觀點。[6] 套用另一位芝加哥經濟學家柯克倫（John Cochrane）的話，盧卡斯與薩金特把人放回了總體經濟當中。[7] 與其仰賴消費與所得之間的總和關係，他們開始以個體經濟學傳統上採取的方式，建構個人如何決定消費、儲蓄以及供給勞力的模型，但他們把這些模型延伸到總體行為上。這些模型於是成為一項大型理論的「個體基礎」。

模型建構的這項改變帶來了幾項重要影響。其中之一是明確帶入預算限制的概念，包括對個人與政府都是如此。私人消費不但仰賴當下的所得，也仰賴未來的所得；今天的政府赤字也暗示了明天的高稅率（或是較低的政府支出）。這項策略還迫使我們重新思考預期的形成方式。盧卡斯與薩金特指出，人在做出消費決策的時候如果是理性的，那麼他們對未來的預測應該也會理性。這些預測應當會與潛藏的經濟模型相符：所以他們才會提出席捲了經濟學界的「理性預期」假說。理性預期隨即成為針對預期建構模型的基準，經濟學家都藉此分析私部門對政府政策改變所做的反應以及其他各種問題。

盧卡斯、薩金特及其追隨者指出，這類奠基在個體基礎上的模型可以解釋景氣循環的主要特徵，而且不需仰賴價格調整速度緩慢這類凱因斯學派的假設，也能夠產生出短期失業的現象。理性預期暗示人不會犯下可以預測的錯誤，但也沒有排除人對價格擁有不完整資訊的情況下可能犯下的暫時性錯誤。對於消費者品味、就業偏好或者技術條件的「衝擊」（也就是對需求與供給曲線的衝擊），可能會造成產出與就業的總和波動。同樣重要的是，這項新理論也暗示了政府穩定經濟的影響力其實薄弱得多。實際上，任何一種穩定政策都會造成反效果。人民一旦知道政府打算推行藉由貨幣與財政擴張刺激經濟的政策，他們採取的行為就會導致這類政策難以發揮效果。舉例而言，主動貨幣政策會促使企業提高價格，以致在產出與就業沒有增加的情況下造成通膨。財政刺激只會導致排擠效果，也就是私部門減少支出。

這種後來稱為「新古典」的做法之所以會大獲全勝（至少在學界是如此），不是因為它有經驗上的確效。這個模型在真實世界當中的適用程度備受爭議，其中某些關鍵要素的真實性也是如此。不過，這項新理論出現之後不久，美國經濟在一九八〇年代中期就進入了一段經濟成長、完全就業而且價格穩定的時期。在這個「大緩和」時期，景氣循環似乎被征服了。於是，從實用角度來看，新古典做法的描述真實性與預測真實性也就顯得不太重要。

這項理論的巨大吸引力來自於模型本身。模型中的個體基礎、數學、新式技巧，還有與賽局理論、計量經濟學以及經濟學當中其他備受重視的領域之間的緊密關聯：這一切都促使這門新的總體經濟學顯得遠遠超前於凱因斯模型。如果有人質疑此一模型背後的策略，那麼對他們的反駁（無論明講或者暗指）就是：「這才是總體經濟模型該有的模樣。」另一方面，從希克斯衍生而來的凱因斯模型建構機制則是幾乎就此絕跡。不過，凱因斯主義並未完全消失。認為主動政府政策在穩定經濟當中仍然保有其角色的人士，終究被迫發展出稱為新凱因斯模型的個體基礎模型變體，才能在學界裡保有可信度。

新古典理論與真實經濟的脫節，在二〇〇八年全球金融危機之後得到惡報。經濟學家為什麼沒有預見到這場危機，是下一章的主題。這場危機的肇因主要是金融體系的失靈；凱因斯學派與新古典學派的總體模型都完全沒有提及這類問題。不過，美國經濟陷入衰退，失業率也往上攀升，這時候找尋適切解藥的問題就完全落在總體經濟學的範疇裡，或者應該是如此。然而，當時盛行的總體模型乃是從盧卡斯與薩金特的觀點衍生而來，卻提供不了什麼幫助。盧卡斯在二〇〇三年初寫道：「就實際上而言，預防經濟蕭條的核心問題已經受到解決。」[8]在接下來的幾年裡，沒有多少人致力於思考如何對抗經濟大衰退，因為按理說不可能會有這樣的情形。

新舊模型在一點上倒是意見一致。經濟不確定性一旦造成一波突如其來的避險潮，家庭與企業都盡力囤積現金，這時聯邦準備理事會就應該印鈔票來創造額外的流動性，而且必須增印大量的鈔票。增加流通的貨幣數量，可以避免通貨緊縮以及更嚴重的經濟衰退。傅利曼在許多年前就已經指出，聯準會在一九三〇年代經濟大蕭條期間犯下的最大錯誤，就是未能採取這樣的做法。身為經濟大蕭條專家的聯準會主席柏南克（Ben Bernanke）在二〇〇八至〇九年間為經濟挹注數千億美元的流動性，盧卡斯就對此舉大為稱賞。[9]歐巴馬總統在二〇〇九年推出的初步財政刺激方案也獲得廣泛支持（包括盧卡斯在內），儘管一般都認為這是一項迫不得已的最後手段。*

* 詹金斯（Holman W. Jenkins Jr.），〈芝加哥經濟學派受審〉（"Chicago Economics on Trial"，訪問了盧卡斯），*Wall Street Journal*, September 24, 2011, http://online.wsj.com/news/articles/SB10001424053111904194604576583382550849232）。在二〇一四年一項針對三十七名首要經濟學家進行的調查當中，除了一人以外，其他全都認為這項刺激方案減少了失業情形，而且大多數也都認為這項方案的效益高於成本。沃爾弗斯（Justin Wolfers），〈辯論何在？經濟學家一致認為刺激方案提振了經濟〉（"What Debate? Economists Agree the Stimulus Lifted the Economy,"

除了這些措施之外，而且在金融恐慌平靜下來之後，新古典模型提供的建議就只有節制與謹慎而已。聯準會的量化寬鬆政策（也就是貨幣擴張）必須立即撤除，否則將在不久之後導致通貨膨脹。由這些模型訓練出來的經濟學家一再針對通膨的危險提出警告，並且催促聯準會緊縮其政策，儘管當時失業率仍高，經濟表現也低於一般水準，而且通貨膨脹的情形也引人注意地一直沒有出現。他們反對以持續性的財政刺激提振總和需求與就業，因為這類措施只會排擠私人消費與投資。經濟主要將會靠著本身的力量回歸正軌。後來這種情形沒有發生，盧卡斯及其他人於是怪罪民主黨政府設置的障礙。他們聲稱經濟復甦之所以緩慢，原因是稅率可能提高以及政府可能採取其他干預手段所造成的不確定性。[10]企業沒有投資，消費者也沒有消費，原因是他們面對著由主動政府造成的不確定氛圍。

在其他許多人眼中，這場經濟衰退平反了凱因斯原本的觀念。經濟學家暨《紐約時報》專欄作家克魯曼（Paul Krugman）極力指稱財政刺激方案不但規模不足，也太早撤除，導致失業率之高以及時間之長達到沒有必要的程度。[11]分別任職於柏克萊加州大學與哈佛大學的德隆（Brad DeLong）與桑默斯（Larry Summers）指出，對於赤字的擔憂是錯誤的；財政刺激方案會因為協助經濟復甦而得以回收其成本。[12]這些全都是著名而且傑出的經濟學家。克魯曼因為把不完全競爭帶入國際貿易理論的開創性研究而贏得諾貝爾獎。桑默斯曾在歐巴馬政府擔任財政部長。不過，他們對於主導經濟學領域的新古典模型而言都是局外人。

凱因斯學派與新古典學派的爭論重點，在於問題究竟出在經濟的需求面還是供給面。原則上，經濟學家有辦法在相互競爭的觀念當中予以區辨，而挑選出比較切合需求的觀念。前一章討論的模型挑選原則正是為這樣一種工作量身打造的。凱因斯學派合理指出，問題如果是供給不足，應該就會有通膨壓力的證據，但實際上並沒有。失業現象似乎影響了所有經濟部門，而且和每個產業的個別形勢無關，這點再度顯示罪魁禍首應是需求的全面性崩跌。[13]不過，另一方提出的證據則是新聞報導、稅法的修改，以及政策不確定性增加所導致的預測意見分歧，而這些證據似乎也確實能夠解釋至少一部分的失業上升以及經濟成長下滑現象，包括這種現象的跨時變化以及在美國各地發生的情形。[14]我們不曉得這些證據是否動搖了任何人在這場辯論中的先入之見。如同這個案例當中的情形，一項理論的適切性一旦受到強烈確信，經驗分析就無助於解決問題，尤其是這種分析如果必須即時進行的話。

針對這些景氣循環的鉅型理論，我們可以得出什麼結論呢？那些理論當然不是毫無意義。古典學派、凱因斯學派與新古典學派的理論各自都做出了有用的貢獻。凱因斯學派的觀點不適用於一九七〇年代的經驗，但其中的許多洞見在今天卻仍然成立，而且也相當有用。新古典學派的觀點讓我們更加認知到我們必須理解個人會對政府政策做出什麼樣的反應。這

The Upshot, *New York Times*, July 29, 2014, http://www.nytimes.com/2014/07/30/upshot/what-debate-economists-agree-the-stimulus-lifted-the-economy.html?rref=upshot）。

些觀點的失敗之處，在於無法成為不論任何時間與情境都適用的鉅型理論。不過，就適用於特定情境的模型而言，這些觀點仍然深具價值。

為特定事件提供解釋的理論

接下來，且讓我們把注意力轉向我在本章開頭提及的那種中間類型的理論。這種理論比較沒有那麼龐大的野心，只是致力於揭露一套特定發展的肇因而已。這種理論無意為類型相似的所有發展提出通用的解釋，而是通常只適用於特定的歷史期間與地理位置。

我在此處探討的例子，是關於美國以及其他若干先進經濟體自從一九七〇年代晚期以來不平等情形愈來愈嚴重的理論。即便廣獲接受，這些理論也無意適用於其他情境。舉例而言，我將探究的解釋並不試圖解釋美國在第一次世界大戰之前的鍍金時代出現的不平等擴大現象，也不試圖解釋許多拉丁美洲國家在一九九〇年代以來的不平等縮減現象。這些解釋**自成一類**。

美國的不平等情形在一九七〇年代中期開始急遽擴大的現象受到了充分記載。吉尼係數是一種廣泛用於衡量不平等情形的指標，數值介於零（不平等完全不存在）與一（最大程度的不平等，全部所得都由單一家庭獲取）之間。而美國的吉尼係數從一九七三年的〇．四〇上升至二〇一二年的〇・四八，增加幅度達二〇%。[15]美國最富有的一〇%人口所占的國民所得份額，在這段時期從三二%上升到四八%。[16]這項巨幅變化是什麼原因造成的？

造成不平等擴大的一個因素是「技術溢酬」的增加，也就是高技術與低技術工作者的酬勞落差。經濟學家在一九八〇年代晚期首度聚焦於此一落差，當時有一項現成的合理解釋：全球化。美國經濟在那幾年來暴露於國際貿易的程度遠高於以往。歐洲與日本的其他先進經濟體在生產力方面已經大致追上美國，因此對美國造成強大的競爭壓力。此外，東亞還有許多新興出口商，包括南韓、臺灣與中國，而那些國家的工資更是遠低於美國。

自從李嘉圖的時代以來，比較優勢原則已受到許多闡釋。這項理論目前最盛行的版本稱為「要素稟賦」理論，最早由赫克歇爾（Eli Heckscher）與歐林（Bertil Ohlin）提出於二十世紀初，正預測了當時發生在美國的那種相對工資的變化。根據這項理論，美國應該會出口技術勞動密集的商品，並且進口非技術勞動密集的商品。對國際貿易更加開放有利於美國的技術勞工，因為這麼一來他們即可接觸更大的市場；但對於低技術勞工卻是不利，因為這麼一來他們就必須面對更大的競爭。如同洛杉磯加州大學經濟學家李默（Edward Leamer）在一九九〇年代指出的：「我們的低技術勞工面對著世界各地一大片的低薪低技術勞工之海。」[17]於是，這兩種勞工的工資落差也就因此增長。實際上，這項理論還隱含了一個更嚴重的結果。非技術勞工不僅在相對層面上遭遇損失，在絕對層面上也是如此。貿易開放程度的提高將會降低他們的生活水準。*

討論也許會在此畫下句點，但經濟學家注意到還有其他發展，看起來似乎與要素稟賦理論不符。別的不提，美國在亞洲與拉丁美洲的那些低工資貿易夥伴也出現了技術溢酬增加的現象。此一現象對於這項理論是個問題，原因是這項理論預測那些國家的技術溢酬會往反方向發展。在出口非技術密集商品的國家裡，非技術勞工應該會獲得工資提高的利益。在美國，個別產業也違反了這項理論的預測。企業紛紛以技術勞工取代非技術勞工（當時出現了技術升級），但貿易如果造成非技術勞工的工資下滑，那麼企業應該會採取相反的做法才對。[18] 這個例子正可讓我們看到經濟學家如何能夠利用一個模型的附帶意涵來驗證一項特定解釋（在此一案例中則是證明這項解釋不正確）。

這些相互牴觸的發現並不必然排除了全球化是不平等情形擴大的推動力。不過，這些發現確實暗示了這一點：全球化如果是不平等擴大的真正肇因，那麼此一肇因發揮影響力的管道必定不是要素稟賦理論所凸顯的那些管道。另一個奠基於全球化的模型隨即圍繞著外資與外移建立起來。工業營運仰賴許多不同元件的生產。我們可以合理假設一門產業裡最技術密集的零件製造於美國，而最不技術密集的零件則製造於一個開發中國家，例如墨西哥。隨著全球化降低了關稅、運輸與通訊成本而使外移變得比較容易，美國企業於是會把部分的生產活動移至墨西哥。我們可以預期到，對於美國企業而言，外移的零件都是最不技術密集的部分。不過，同樣的這些零件一旦交由墨西哥生產，在那裡的技術密集程度會算是相當高。於是，在有些矛盾的情況下，美國與墨西哥的產業都會出現技術升級。這兩個國家對於技術勞工的相對需求都會上升，風險溢酬也是如此。最早提出這項假說的芬斯特拉（Rob Feenstra）與漢森（Gordon Hanson）指出，從墨西哥自由貿易區裡的製造廠得到的證據，即與此一模型相符。[19]

全球化論點的主要替代論點是科技變遷。當時是資訊和通訊科技以及電腦擴散迅速進展的時代。一般而言，提升勞動生產力的廣泛科技進步應當能夠提高所有人的生活水準。不過，有些人獲益的程度可能高於其他人。新科技需要技術勞工操作，因此具備大學以上教育程度的勞工所受到的需求也就比技術較低的勞工所受到的需求增長得更快。這就是經濟學家所謂的「偏向技術人力的科技變遷」（skill-biased technological change）。[20]

「偏向技術人力的科技變遷」假說解釋了技術溢酬的增長。此外，和要素稟賦模型不同的是，這項假說也符合企業與產業當中的技術升級現象。由於自動化以及電腦的普及，雇主因此雇用比較多的技術勞工。由於這些科技變遷也席捲了世界其他地區，因此這項理論同樣也能解釋開發中國家工資不平等程度擴大的情形。到了一九九〇年代末期，貿易經濟學家與

* 這是由要素稟賦理論延伸而出的史托普—薩繆爾森定理所得出的結果。史托普與薩繆爾森，〈保護與實質薪資〉（"Protection and Real Wages," *Review of Economic Studies* 9, no. 1（1941）: 58–73）。

勞動經濟學家已達成接近共識的一致觀點，認為「偏向技術人力的科技變遷」是技術溢酬增長背後的罪魁禍首。貿易可能也有影響，但影響程度不會超過此一趨勢的一〇%到二〇%。

不久之後，疑慮就逐漸冒了出來。技術溢酬在一九九〇年代期間趨於穩定，儘管新科技的出現速度並未減緩。（後來技術溢酬在二〇〇〇年代又再度開始猛烈攀升。）工資當中的許多發展都無法單獨由「偏向技術人力的科技變遷」假說解釋。舉例而言，工資不平等現象在技術類別當中也大幅增長，例如在大學畢業生之間。工作的升級與高技術職業占比的上升至少從一九五〇年代就已開始，但不必然會造就不平等。就算這些趨勢背後全都存在著科技變遷的元素，一九七〇年代以後出現的新科技難道不可能是全球化增長促成的結果嗎？最後，不平等擴大的情形有一個重要部分涉及所得分配最頂層（頂端百分之一）的所得成長。而那股上升趨勢更有一大部分來自於資本所得（股票與債券的報酬），而不是工資。

這些顧慮導致「偏向技術人力的科技變遷」假說不可能獨力解釋不平等現象的發展狀況。第三種包羅廣泛的解釋類型，則是聚焦於政策與態度自從一九七〇年代晚期以來所出現的廣泛改變。總體經濟政策變得愈來愈關注價格穩定，而比較沒有將注意力集中在完全就業上面。工會規模縮減，勞工喪失議價能力，最低工資也落後於價格。防止大幅工資分散（亦即最高薪與最低薪員工的落差）的職場規範，也比過去弱化。金融部門的鬆綁以及大幅擴張，使得個人能夠積聚在數十年前根本無法想像的龐大財產。[21]

終究能夠明白看出的一點是，沒有任何一項單一理論能夠完全解釋美國自一九七〇年代以來的不平等擴大現象。此外，也沒有良好的方法能夠分析不同理論的相對貢獻。某些理論（模型）使我們更加理解貿易、科技以及其他因素藉以發揮影響的管道；至於其他理論的失敗，則是讓我們能夠排除在一開始顯得同樣可信的機制。問題沒有獲得完整的解答，但我們在過程中學習到許多。

理論其實就是模型

如同我們所見，經濟學裡的理論如果不是太過寬泛，以致在真實世界裡沒有什麼真實的影響力，不然就是太過精確，而頂多只能解釋真實當中的一個特定部分。我雖是用某幾個理論來闡述這項兩難，但這點在經濟學裡的其他領域也同樣成立。歷史對於聲稱發現了資本主義普適定律的理論家相當不留情面。不同於自然，資本主義是人類建構的產物，因此具有可塑性。

然而，從「理論」一詞的使用頻率來看，經濟學顯然充滿了理論：包括賽局理論、契約理論、搜尋理論、成長理論、貨幣理論等等。不過，可不要被這樣的用詞給騙了。實際上，這些理論純粹只是一套特定的模型，必須謹慎適用，也必須注意適用的環境。這些理論各自都只是一組工具，而不是對於其所探究的現象提出的通用解釋。只要我們不抱持過多的期望，這些理論還是有其用處與適切性。

將近半個世紀以前，赫緒曼（Albert Hirschman）這位深具創意的經濟學家抱怨社會科學家「建立理論的強迫性行為」，並且描述了對於鉅型典範的尋求如何可能「對理解造成阻礙」。[22]他擔心學者會因為一心想要建構無所不包的理論，而忽略偶然性扮演的角色以及真實世界呈現給他們的各種可能性。在經濟學的世界裡，現在大部分的發展確實都反映了一個比較樸實的目標：一次尋求對於一個肇因的理解。野心一旦遮掩了這個目標，麻煩經常就會隨之出現。

5 經濟學家如果出錯

這場畢業演說可能是紀錄當中最短的一場。二〇〇七年五月，總體經濟學家薩金特在柏克萊加州大學的畢業典禮中踏上講臺，聲稱他覺得這類演說都太過冗長，隨即便切入重點。他說，經濟學是「經過組織的常理」。他接著列出「我們這個美妙的科目所教導的」十二件事。第一件是：「許多令人嚮往的事物都不可行。」第二件：「個人與社群都不免要面對取捨。」到了第四件，薩金特已經談到政府扮演的角色：「所有人都會對誘因做出反應……所以社會安全網才未必能夠發揮原本預期的效果。」下一件事：「平等與效率必須相互取捨」，他的意思是說政府如果要改善所得分配，絕不可能不付出若干經濟代價。[1]

薩金特大概認為自己列出的這份清單沒有什麼爭議性。實際上，分屬於政治光譜兩端的經濟學家都對他的演說大為讚揚。不過，仍然有人表達異議，例如經濟學家暨部落客諾亞·

史密斯（Noah Smith）。史密斯抱怨指出，薩金特列出的十二項教訓當中有十項都是「告誡世人不要利用政府促進平等或者幫助人民」。克魯曼也提出批評。他斥責薩金特，說他號稱為普適真理的觀念，實際上只適用於運作良好而且達到完全就業的市場經濟。以薩金特對於平等與效率的取捨所提出的觀點為例。史密斯寫道，在經濟學的某項基準假設之下其實沒有這種取捨存在（那項假設即是：個人之間的轉移可以在不造成無效率的情況下發生）。克魯曼指向近期的經驗性研究，顯示高度不平等可能有礙經濟成長。[2]

薩金特的批評者說得沒錯。除了「誘因很重要」或者「小心意料之外的後果」這類陳腔濫調以外，經濟學裡其實沒有什麼恆久不變的真理。這門「美妙的科目」所教導的一切珍貴教訓，全都要視情境而定。那些「若A則B」的陳述句，其中的「若」和「則」一樣重要。

不過，薩金特確實精確概括了**經濟學家**傾向的思考方式。儘管有史密斯與克魯曼的反駁，大多數經濟學家確實認為（繼續採用前述的例子）平等與效率必須相互取捨。別忘了，這些經濟學家非常清楚特定模型（以及部分證據）其實指向相反方向。不過，這些模型的存在似乎無礙於這項毫無疑問近乎共識的觀點。

實際上，有許多重要議題都獲得幾乎所有職業經濟學家的一致認同。著有一部首要經濟學教科書的哈佛大學教授曼基（Greg Mankiw），幾年前在他的部落格上列出一份清單。[3]以下即是其中幾項主要條目（括號裡的數字代表有多少比例的經濟學家同意該項主張）。

一、設定租金上限，會降低住房供給的數量與品質。（93%）
二、關稅與進口配額通常會減低整體的經濟福祉。（93%）
三、彈性而且浮動的匯率提供了一種有效的國際貨幣架構。（90%）
四、財政政策（例如減稅以及／或者政府支出增加）對於未達完全就業的經濟具有顯著的刺激效果。（90%）
五、美國不該限制雇主把工作外包給其他國家。（90%）
六、美國應該廢止農業補助。（85%）
七、龐大的聯邦預算赤字會對經濟造成負面影響。（83%）
八、訂定最低工資會導致年輕與非技術勞工的失業率提高。（79%）

除非你跳過了先前的章節沒看，否則這些主張獲得的共識應該會令你大感吃驚。我們對於上述八點當中的至少四點都看過與之牴觸的模型。房東如果採取壟斷性的行為，租金控制（設定房東能收取的租金上限）就不必然會限制住房供給；貿易限制不必然會降低效率；財政刺激不必然有效；訂定最低工資也不必然會造成失業率上升。在所有這些案例當中，都有不完全競爭、不完全市場或者不完全資訊的模型能夠得出相反的結果。曼基列出的其他主張也同樣都是如此。

經濟學教導我們的，是一項結論或其相反論點成立的確切條件（關鍵假設）。然而，這項調查中幾乎所有的經濟學家（九〇%以上）卻顯然願意為一組特定關鍵假設擔保其通用有效性。他們之所以願意挺身保證這些假設的效力，也許是因為他們認定這些假設在真實世界裡比較常見。或者也許是因為他們認為某一組模型「平均上」比其他模型更有效。即便如此，他們既然身為科學家，難道不該為自己的背書添加適當的限制條件？他們難道不該擔心這種毫無疑義的陳述有可能會產生誤導的效果？

我們因此來到經濟學當中的一項核心矛盾：多元性當中的一致性。經濟學家採用的模型多不勝數，各自指向種種相互矛盾的方向。然而，一旦談到時下的議題，他們的觀點卻經常趨於一致，而且無法以既有的證據提供合理的解釋。

我要說清楚：經濟學家總是對各種議題一再辯論不休。最高所得稅率應該是多少？最低工資是否應該提高？專利對於刺激創新是否重要？在這些以及其他許多議題上，經濟學家經常都會看見問題的兩面。據說杜魯門總統曾經因為對於顧問提出的建議經常相互矛盾又模稜兩可而深感挫折，還要求手下幫他找一個「單方面經濟學家」。「就算把所有的**經濟學家**頭尾相連排成一線，這條線也和他們的爭辯一樣永遠不會有終點，」據說蕭伯納曾經這麼譏諷道。經濟學家的共識也許比較是一種罕見的現象，而不是常態。不過，一旦出現共識，我們就必須仔細加以評估。

有時候，這種共識是無害的：沒錯，誘因確實重要。有時候，這種共識可能受到地理或歷史條件的適當限制*：沒錯，蘇聯經濟體系極度欠缺效率。另外有些時候，共識則是反映了基於累積的證據而對事實進行的事後評估：沒錯，歐巴馬在二〇〇九年施行的財政刺激措施確實降低了失業率。不過，共識如果是先認為特定模型的結論具有普遍適用性，但模型中的關鍵假設卻可能在許多情境被打破（例如完全競爭或者完全消費資訊），那麼就不免造成問題。

經濟學家一旦把一個模型誤以為是**唯一**的模型，就可能會造成兩種危害。第一種是遺漏失誤，也就是經濟學家因此陷入盲點，無法看見前方的麻煩。舉例而言，在二〇〇七至〇八年間的全球金融危機發生之前，大多數經濟學家都未能察覺到各方情勢的危險匯流。接著，還有作為失誤，也就是對於特定世界觀的執迷導致經濟學家成為某些政策的共犯，而那些政策的失敗原本是有可能事先預見的。經濟學家對於所謂的華盛頓共識以及金融全球化的擁護，就屬於這一類失誤。且讓我們更深入探究這兩種失誤。

* 戈登（Roger Gordon）與達爾（Gordon B. Dahl）提及頂尖學校科系的一群經濟學家對於若干特定問題都持有「廣泛共識」，例如「聯準會在二〇一一年實施的新政策是否會造成二〇一二年的國內生產毛額成長至少一％」。他們也發現，一項問題的相關學術文獻如果為數龐大，意見一致的程度就會比較高。戈登與達爾，〈經濟學家的觀點：職業共識還是針鋒相對？〉（"Views among Economists: Professional Consensus or Point-Counterpoint?" *American Economic Review: Papers & Proceedings* 103, no. 3（2013）: 629–35）。

遺漏失誤：金融危機

金融危機爆發之後不久，芝加哥大學法學理論家暨經濟學家波斯納（Richard Posner）猛烈抨擊他的經濟學同僚。他寫道，這個領域當中的首要經濟學家都認為再度發生經濟蕭條是不可能的事情、資產泡沫從未發生、全球的銀行都健全無恙，而且美國國債根本毋須擔心。[4]然而，事實卻證明這些認知完全錯誤。房產泡沫在二〇〇八年爆裂，結果拖垮了美國金融業，引發重大的政府紓困以穩定金融部門。這場危機同時外溢至歐洲以及世界其他地區，造成經濟大蕭條以來最嚴重的經濟衰退。美國的失業率在二〇〇九年十月達到一〇%的高峰，到了二〇一四年底才下降為五．六%。我在二〇一四年底寫下這段文字的時候，歐元區的國家仍有將近四分之一的年輕勞動人口處於失業狀態。

在危機發生之前，許多經濟學家都對美國經濟的狀態感到憂心。不過，他們擔憂的問題主要是美國的低儲蓄率以及龐大的經常帳赤字：也就是高額的貿易逆差。就算他們慮及所謂的硬著陸情境，也是聚焦於美元可能驟貶，從而重新引發通膨並且削弱對於美國經濟的信心。然而，這場危機卻發生在一個極少有人預料到的區域裡。事實顯示美國經濟的弱點在於房產以及過度膨脹的金融部門，而房產過熱就是金融部門造成的結果。

欠缺管制的影子銀行部門創造了各式各樣的新式金融工具。這些新式的衍生產品理當把風險分散給願意承擔的對象，但實際上卻促成了涉險行為以及濫用槓桿操作。這些衍生產品也以當時沒有人充分體認到的方式把經濟裡截然不同的部分連結起來，導致一端發生的危機也不免促成另一端的崩潰。除了為數甚少但引人注意的例外，諸如後來獲得諾貝爾獎的席勒（Robert Shiller）以及後來擔任印度中央銀行總裁的芝加哥大學經濟學家拉詹（Raghu Rajan），經濟學家都忽略了房產與金融的問題有多麼嚴重。長久以來，席勒一再指稱資產價格過度不穩定，也一再聚焦於房產價格泡沫。[5] 拉詹則是擔憂當時受到頌揚為「金融創新」的做法所帶有的缺陷，並且早在二〇〇五年就提出警告，指稱銀行業者冒的風險過高，但卻遭到當時的哈佛大學校長桑默斯斥責為反對技術進步的「盧德分子」。[6]

無可否認的是，經濟學家大致上都對這場危機感到出乎意料。許多人認為這點證明了經濟學的根本性崩潰，顯示這門學問必須受到重新思考與重新調整。不過，這起事件之所以特別引人好奇，原因是實際上有許多模型都有助於解釋潛藏於經濟表面下的那些發展。

資產價格脫離實質價值而持續上漲的泡沫現象，並不是新出現的情形。最早的這種現象至少可以追溯到十七世紀的鬱金香狂熱以及十八世紀初的南海泡沫。複雜程度不一的眾多模型都探究過泡沫現象，包括以完全理性的前瞻型投資者為基礎的模型（所謂的理性泡沫）。二〇〇八年的金融危機帶有明顯的擠兌特徵，而這也是經濟學所探討的一種基本問題。只要是學過經濟學的人，都很熟悉自我應驗恐慌模型（這是一種協調失靈，也就是個別理性撤銷放款的行為，造成整體流動性枯竭的集體非理性現象），以及促成這類恐慌的條件。所有金融教科書都提及存款保險（連同管制）在避免擠兌當中的必要性。

在這場危機前夕的一項關鍵模式，就是金融機構經理人的過度涉險行為。他們藉此賺取薪酬，但這樣的行為並不合乎銀行股東的利益。這種經理人與股東的利益分歧，正是委託代理模型的核心重點。這類模型探討的情境，就是「委託人」（管制者、選民，或者股東）試圖控制「代理人」（受到管制的企業、人民選出的政府，或者執行長）的行為，但後者對於經濟環境所擁有的資訊卻比前者多。由此產生的困難與欠缺效率應該不會讓經濟學家感到意外。另一項誘因扭曲主要在於評估房貸證券的信用評等機構。付錢給這些評等機構的金融機構，正是那些受評等產品的發行者。評等機構會產生誘因，而依據付費者的要求打造評等內容，應該是連大學經濟系一年級學生都可以清楚看出的現象。

資產價格崩跌造成的整體經濟後果，自從一九八〇年代初期以來發生於開發中國家的一波金融危機之後，對於經濟學家而言也已經相當熟悉。任何人只要研究過這些事件，就不該會對美國與歐洲的房產與營造業的私人債務增加現象不當一回事。去槓桿化行為後來在整個經濟當中迴盪不已，隨著銀行、企業與家庭全都同時想要減少債務並且增加資產而放大其影響，也不禁令人聯想到先前的那些金融危機。

明顯可見，經濟學家不乏能夠用來理解當下狀況的模型。實際上，這場危機開始發生之後，我們剛剛檢視過的那些模型即是理解許多現象不可或缺的要素，例如中國建立高額外匯儲備的決策如何終究會促使加州的一家房貸放款機構從事過度涉險行為。此一過程當中的所有步驟都能夠由既有的框架解釋，諸如美元資產的需求上升會造成利率下跌、欠缺監管的金融機構具有尋求風險更高的工具以維持利潤的誘因、透過短期借貸擴張投資組合所造成的金融脆弱性、股東無力約束銀行執行長，以及房產價格的泡沫。不過，經濟學家過度信任某些模型而犧牲了其他模型，這可是一大問題。

許多受到偏好的模型都以「效率市場假說」為中心。[7] 這項假說由芝加哥大學金融學教授法瑪（Eugene Fama）提出。說來有些尷尬，他後來竟與席勒在同一年獲得諾貝爾獎。簡單來說，這項假說認為市場價格反映了交易者能夠取得的所有資訊。對於個別投資人而言，效率市場假說表示他們如果無法獲得內部資訊，就不可能反覆擊敗市場。對於中央銀行與金融管理單位而言，效率市場假說則是告誡它們不要試圖影響市場朝特定方向發展。由於所有相關資訊都已包含在市場價格裡，因此任何干預手段都比較有可能會對市場造成扭曲，而不是修正。

效率市場假說沒有暗示觀察者可以預見金融危機。實際上，由於這項假說主張資產價格的改變無可預測，因此隱含的意義恰恰相反：亦即金融危機**不**可能受到預測。儘管如此，資產價格持續上漲之後緊接著驟然崩跌的事實，實在不符合這個模型的主張。如果要在不揚棄效率市場假說的情況下解釋此一事實，我們就必須相信造成金融崩潰的原因是當時大量出現有關經濟前景的「壞消息」，於是市場就立刻將這些消息納入了價格當中。（法瑪本身在二〇一三年提出的說法就差不多是這樣。）*這項結論反轉了一般接受的因果方向，也就是由金融危機造成經濟大衰退。

過度依賴效率市場假說而忽略了泡沫模型以及其他金融市場弊端的態度，揭露了一組更廣泛的偏好。一般對於金融市場能夠達到的成果懷有極大的信心。市場實際上成為社會進步的火車頭。市場不只會在儲蓄者與投資者之間扮演有效率的中介者，也會把風險分散給最能承受風險的對象，並且讓先前被排除於信貸之外的家庭取得信貸，例如財力有限或者沒有信用紀錄的家庭。透過金融創新，投資者即可追求最大報酬，同時又僅承擔最小的風險。

此外，市場也被視為不僅本質上具有效率又穩定，而且還有自我約束的能力。大銀行與投機分子如果從事欺詐行為，市場就會發現它們的詭計並且加以懲罰。決策拙劣而且冒不恰當風險的投資人會被驅逐出局；負責任的投資人會因其謹慎而獲利。聯準會主席葛林斯潘在二〇〇八年一場國會小組聽證會上的自白，充分揭露了當時盛行的心態。他坦承道：「許多人，包括我在內，都認定放貸機構的自利考量會保護股東的權益，因此我們現在都處於不敢置信的震驚狀態中。」[8]

另一方面，政府也不可信任。官僚與管理單位不是受到特殊利益綁架就是能力不足，有時候甚至是兩種問題同時具備。政府做得愈少愈好。況且，現在的金融市場已經發展得極度複雜，以致任何管制嘗試都是徒勞無功。金融機構絕對都能夠找到方法規避法規。政府注定只能跟在金融業後頭苦追。經濟學家的這種想法促成了一波重大的金融鬆綁，也為這樣的鬆綁賦予正當性，從而鋪路造就了那場危機。不僅如此，這些觀點還受到政府內部若干頂尖經濟學家的認同，例如桑默斯與葛林斯潘。

總結而言，經濟學家（以及那些聽從他們建議的人）過度自信於自己當下偏好的模型：市場是有效率的，金融創新能夠改善風險與報酬的取捨，自我管制是最好的做法，而且政府干預缺乏效率又有害。他們忘記了其他模型的存在。當時有著太多的法瑪，太少的席勒。這門領域的經濟學也許沒問題，但其中的心理學與社會學顯然出了狀況。

作為失誤：華盛頓共識

一九八九年，威廉森（John Williamson）在華府為拉丁美洲的主要經濟決策者召開了一場

* 法瑪承認他對於經濟前景為什麼會如此劇烈惡化提不出理由，但他接著說自己不是總體經濟學家，而總體經濟學從來就不善於察覺經濟衰退的來臨。凱西迪（John Cassidy），〈訪問法瑪〉（"Interview with Eugene Fama," *New Yorker*, January 13, 2010, http://www.newyorker.com/news/john-cassidy/interview-with-eugene-fama）。

會議。威廉森是華盛頓智庫國際經濟研究所（現在稱為彼得森研究所）的經濟學家，長久以來一直是拉丁美洲經濟體的觀察者。他注意到決策者為拉丁美洲建議的改革措施出現引人注目的觀點趨同現象。國際金融機構（例如世界銀行與國際貨幣基金）、智庫，以及美國政府的各個經濟機構，都提出了幾乎一模一樣的改革想法。另一方面，在美國大學拿到博士學位的經濟學家紛紛在拉丁美洲各國政府擔任重要職務，迅速推行這些政策。在威廉森為這場會議所寫的論文當中，他把這些改革稱為「華盛頓共識」。[9]

這個用語廣為流傳，並產生其本身的意義。這個字眼代表一項充滿雄心壯志的計畫，其目標在批評者眼中乃是要把開發中國家轉變為標準的自由市場經濟體。這麼說也許有些誇大，但卻精準描述了其中的要旨。這種計畫反映了一股衝動，希望讓這些經濟體擺脫政府管制的限制。拉丁美洲的政策經濟學家以及他們在華府的顧問認定政府干預壓抑了成長，並且造成一九八〇年代的債務危機。他們建議的療法可以由三個詞語概括：「穩定化，私有化，自由化。」威廉森後來經常抗議，指稱他本身列出的清單只描述了溫和的改革，遠遠算不上是「市場基本教義」：這是個概括性的名詞，代表認為市場能夠解決所有公共政策問題的觀點。不過，「華盛頓共識」一詞正符合當時的時代精神。

華盛頓共識的擁護者（不論是華盛頓共識的原始版本還是擴張之後的版本）將其呈現為良好的經濟學。對他們而言，這些政策反映了健全的經濟學所教導的內容：自由市場與競爭能夠造成稀有資源的有效配置。政府管制、貿易限制與國有制會造成浪費並且阻礙經濟成長。不過，那些擁護者應當認知到，這只能算是最粗淺的經濟學。

一個問題是，華盛頓共識對於市場經濟的深層制度基礎只是輕輕帶過，但如果沒有這些基礎，任何市場導向改革都不可能可靠地產生預期效益。舉個最簡單的例子，在缺乏法治、契約強制履行以及適當的反托拉斯規範的情況下，私有化除了可望促成競爭與效率之外，也同樣可能為政府親信創造獨占事業。由於許多經濟體對華盛頓共識的政策都反應不佳，制度的重要性才開始受到體悟，改革措施也才開始朝這個方向擴張。不過，削減進口關稅或者撤銷利率上限是一回事（這兩者是相當常見的做法），要在短期內架設先進經濟體花費數十年乃至數百年才建立的制度又是另一回事。一套有用的改革計畫必須利用既有的制度推行，而不是採取一廂情願的想像。

不僅如此，華盛頓共識還提出一套普遍適用的藥方。這套藥方認定所有開發中國家都差不多一樣，患有相同的症狀，所以需要的也是一套無所差異的改革。當地情境極少受到考慮，依據改革的迫切性或可行性而排定優先順序的必要性也同樣受到忽略。隨著一個接一個國家的改革都沒有得到效果，那些擁護者的本能反應即是擴展「待辦事項」清單，而不是調整已經施行的改革措施。於是，原本的華盛頓共識又添加了一份迅速發展而出的額外措施清單，內容涵蓋勞動市場、金融標準、治理改善，以及中央銀行法規等等。[10]

華盛頓共識背後的經濟學家忘了他們其實是在一個本質為次優世界的區域裡運作。如同第二章討論過的，在市場存在著多重缺陷的環境裡，對於政策效果通常懷有的直覺認知可能會造成相當大的誤導。私有化、鬆綁，以及貿易自由化都可能產生反效果。特定種類的市場限制可能會是好的。這種環境裡的政策改革需要把這類次優問題明確納入考量的模型。

想想開放貿易（這是華盛頓共識當中的一個關鍵項目）理當會有什麼效果。進口壁壘一旦削減，無力因應國際競爭的企業就會縮小規模或者倒閉，而將其資源（員工、資本、經理人）釋放給經濟當中的其他部分利用。另一方面，效率和國際競爭力比較高的部門則是會擴張，吸收那些資源，並且為速度更快的經濟成長鋪路。在採用這種策略的拉丁美洲與非洲國家裡，這項預測的前半部分大體上都有成真，但後半部分卻不然。原本受到進口壁壘保護的製造廠商遭受重大打擊。但奠基在現代科技之上的新式出口導向活動，擴張速度卻是遲緩不前。工作人口反而湧進生產力較低的非正式服務部門，例如做小生意。整體生產力都出現下滑。

為什麼會這樣？許多受到影響的市場，其運作狀況都和預期的不同。勞動市場不具備足夠的彈性，因此無法將勞動力迅速重新配置到比較有效率的新部門。資本市場未能支持出口導向企業的創立。幣值仍然過高，因此製造業的大部分廠商都缺乏全球競爭力。協調失靈、知識外溢以及建立灘頭堡的高昂成本阻礙了潛在廠商進入新的比較優勢領域。捉襟見肘的政府也無力投資基礎建設或是新興產業所需的其他支持型態。

華盛頓共識在拉丁美洲與非洲得到的結果，與亞洲國家的經驗形成強烈對比。亞洲國家採用的全球參與策略明確屬於次優策略。與其在初期對進口自由化，南韓、臺灣，以及後來的中國都是藉著直接補助本國製造業的方法進軍出口市場。缺乏效率的製造廠商在初期階段受到保護，以避免大量失業造成生產力更低的非正式職業（例如小買賣）因此擴張。這些國家也利用總體經濟與金融方面的控制措施，以保持其貨幣在世界市場上的競爭性。這些國家全都採用產業政策培育新的製造部門，並且降低本國經濟對自然資源的依賴。此外，這些國家也都在這些一般性的層面之上又各自進一步調整其策略細節。

許多觀察者檢視了亞洲經驗以及其「非正規」政策所獲致的成功之後，都認定這些案例證明標準經濟學錯了。不過，此一解讀並不正確。從假定市場運作良好的模型來看，亞洲的許多經濟政策確實都顯得毫無道理。不過，這些模型在此處顯然是錯誤的選擇。中國或南韓的策略其實沒有什麼部分無法受到經濟模型的解釋，前提是那些模型必須把這些經濟體面臨的某些重大的次優挑戰納入考量。[11]經濟學家一旦要面對市場在廠商為數稀少、進入障礙高、資訊貧乏而且制度不彰的低所得環境當中的真正運作方式（或是運作失敗的方式），這些替代性模型便是不可或缺。

經濟學家把華盛頓共識的邏輯推到極限，而且可能造成了最大傷害的地方，就在於金融全球化。威廉森原本列出的改革措施並未包括解放跨國界資本流動；他對金融全球化的效益抱持懷疑態度。然而，到了一九九〇年代中期，撤除資本在全世界自由流動的障礙卻成了市場經濟學的最後疆界。經濟合作暨發展組織這個富國俱樂部把解放跨國界資本流動列為取得會員國資格的前提要件。此外，國際貨幣基金的高階經濟學家也試圖將自由資本流動的原則納入憲章。

這項運動背後存在著不少傑出經濟學家的想法，例如曾任麻省理工學院教授的費雪（Stanley Fischer）。費雪在一九九四年加入國際貨幣基金，擔任副總裁暨首席經濟學家。他深知跨國界金融流動的自由化有可能會造成不穩定。金融自由的歷史紀錄確實呈現了許多令人擔心的狀況。凱因斯在第二次世界大戰末期呼籲資本管制，當時他心中想到的就是兩次大戰之間那段時期的金融全球化所帶來的金融過度現象：反覆發生的金融恐慌與金融危機，市場情緒突然變動造成痛苦的經濟調整，以及嚴格限制因應總體經濟起伏的措施。

費雪沒有忽略這些風險，但他認為這個險值得一冒。自由資本移動將可提高全球儲蓄配置的效率。資本將會從資本充裕的地方流往資本稀少之處，從而促進經濟成長。貧窮國家的居民將可接觸更多的可投資資源與外國資本市場，從而能夠分散他們的投資。另一方面，不穩定的風險則可以藉著改善總體經濟管理以及強化金融管制而降低。[12]費雪承認，沒有什麼系統性的證據顯示開發中國家確實能夠從資本移動的自由度提高當中獲益，但他認為這類證據遲早會愈來愈多。

費雪的主張當中所隱含的模型，再度大幅忽視了次優問題。他認定只要政府的意志夠強烈，就可以克服國內在總體經濟與管制上的弱點。實際上，事實卻證明這些改變非常難以達成，部分原因是經濟學家根本不知道必須要採取哪些作為。資本移動自由，加上國內的總體經濟與金融扭曲，造成了嚴重的負面結果。接觸外國資本市場的機會，讓國內市場得以大量吸收短期外債，也讓輕率的政府得以借取在國內市場上絕對借不到的金額。由此造成的結果，即是在泰國、南韓、印尼、墨西哥、俄羅斯、阿根廷、巴西、土耳其，以及其他地方發生一連串嚴重的金融危機。國際貨幣基金終究承認資本流動的完全自由化不是一個適合所有國家的目標。[13]

另外還有一個問題。金融全球化的擁護者採信的那種成長模型，把儲蓄和可投資資金的供給視為主要推動力。在這個模型裡，對於國外金融的接觸機會愈多，將會促進國內投資並且造成更高的經濟成長率。然而，在對國外金融開放的開發中國家裡，投資與成長卻都沒有增加。在投資與成長當中都缺乏一股正面趨勢，顯示這些國家面臨的成長限制位在其他地方。企業之所以沒有投資，不是因為它們被排除於金融之外，而是因為它們（由於眾多原因）預見不到高報酬。金融流量的增加刺激了消費，而不是投資。此外，由於資本流入促使本國貨幣升值，更導致情況惡化，進一步削減了貿易產業的獲利。在這個對於許多開發中與新興市場經濟體的實際狀況顯然描述得比較貼切的模型裡，自由資本流動乃是一份有毒的禮物。

所幸，大多數的經濟學家都從這次經驗學到了教訓。對於華盛頓共識與金融全球化這兩者，現在已大體上達成一致的意見，認為當初對於一項普適性做法的追求過於狂熱，而對不受約束的市場能夠帶來的效益推銷過度。今天，沒有一套適合所有國家的單一政策，而且國內改革必須依照特定環境量身打造，幾乎已經成為發展經濟學家、金融專家與國際機構的口頭禪。共同藍圖已經受到捨棄，現在當紅的是模型選擇。

經濟學的心理學與社會學

經濟學是不是有什麼獨特的性質，導致其從事者比較容易犯下這類遺漏失誤與作為失誤？舉例而言，政治學家與人類學家是不是可以宣稱自己的學問在公共辯論當中擁有比較好的紀錄？我不確定。一項差別是經濟學家的能見度比較高。由於許多經濟學家都活躍於公共領域當中，並且受到請託提供政策建議，因此他們一旦犯錯也就比較容易引人注意。儘管如此，還是值得思考究竟是什麼原因導致經濟學家誤入歧途。

首先，我們必須認知到大眾極少接觸到經濟學當中所有的觀點。絕大多數的經濟學家都認為自己是科學家與研究者，職責在於撰寫學術論文，而不是對時事發表意見或者提倡特定政策。這類經濟學家極少受到記者或國會議員助理的聯繫，而且要是接到這樣的聯繫恐怕也會逃開。他們就算願意討論公共議題，也會在自己的陳述當中添加許許多多的「如果」與「但是」等修飾條件，以致很難找到願意耐心聆聽的對象。大多數的這類經濟學家都是典型的象牙塔經濟學家，他們也會心甘情願承認自己的專業有限，無法對公共事務提出評論，至少在沒有經過進一步研究之前沒有辦法。

至於發言會被大眾聽到的經濟學家，如果不是擁有強烈的觀點，就是願意忽略政策建議當中的細節條件，或甚至這兩者同時齊備。這些對議題持有明確立場的倡議者，在媒體、智庫，以及政府當中具有先天的優勢。他們經常是成功的「政策企業家」，能夠對社會做出有益的改變。無線頻譜權的拍賣與航空管制鬆綁，都是心意堅定的經濟學家說服政治人物採用的觀念。[14]如同我們看過的，在其他案例中受到鼓吹的觀念可能比較引人疑慮，那些倡議者的主張也可能遭到經濟學界其他人的懷疑或甚至鄙夷。不過，極少有身為經濟學家的批評者會花費心力去公開質疑他們。

在華盛頓共識狂熱臻於巔峰之際，我和一名研究生寫了一篇論文批評當時那種把提高貿易自由度無條件視為開發中國家的成長火車頭的觀點。[15]我們指出，貿易政策與經濟成長之間的關係會隨著模型與國家而變。我們也指出，實際上並沒有強烈或者一致的證據顯示這兩者之間的關係一定是正向或者負向。我發表這篇論文之後，得到兩種反應。華盛頓共識的死忠擁護者認為我是在混淆視聽，破壞自由貿易這項良善的運動。不過，其他許多人則是表達了贊同之意，認為對於貿易自由化的追求已經遠遠超出經濟研究能夠支持的程度。第二類反應出乎我的意料，因為這些反應都是來自沒有公開採取立場的人士。他們儘管心存疑慮，卻選擇不對外發聲。因此，我們聽到的公開訊息其實不足以代表這整個領域，因為經濟學界裡的觀點其實紛雜得多。

經濟學家確實太過偏好市場。說得直白一點，經濟學家覺得市場是他們專屬的領域。他們認為自己懂得市場的運作方式，也擔心大眾不懂，而他們這兩項假定大致上也確實沒錯。他們知道市場有可能以各種不同方式陷入失靈。不過，他們認為大眾的擔憂經常欠缺正確知識，而且過於誇大，也缺乏合理的基礎，因此他們總是抱持著過度保護市場的姿態。供給和需求、市場效率、比較優勢、誘因：這些都是經濟學當中最重要的資產，必須加以保護，以免遭到無知大眾的糟蹋。至少這是他們的想法。

在公共辯論當中提倡市場，在當今幾乎已成為一項職業義務。因此，經濟學家在公共場域中的貢獻可能會與他們在研討室裡的討論顯得極為不同。在同僚之間，市場的缺陷以及政策干預能夠加以改善的做法都是經常受到討論的議題。學術名聲乃是建立在以具有想像力的新方式展現市場失靈。但在公開場合中，經濟學家的傾向卻是團結一致，支持自由市場與自由貿易。

這種動態造就了我所謂的「野蠻人只在一邊」症候群。想要限制市場的都是遊說組織成員、尋租的政府親信，以及他們的同類；至於追求市場自由的人士，就算他們錯了，至少用意仍是良善的，所以遠遠沒有那麼危險。加入前者的陣營即是為野蠻人提供彈藥，但與後者為伍頂多只是犯了沒有重大後果的無心之過。

如果被迫選邊站，大多數經濟學家可能都會支持比較市場導向的選項。在本章一開頭提及的那些獲得經濟學家高度共識的主張當中，就可以看出這樣的傾向。[16]在那份完整清單的十四項條目裡，只有一項帶有確切的親政府姿態，也就是在經濟衰退期間偏好財政刺激措施。*其中幾項反映了在不同種類的政策之間的偏好：預算應該在景氣循環當中取得平衡，而不是以年為單位；現金支付優於免費食物這類實物支付；福利制度應該取代為「負所得稅」制（這是累進稅制的一種，讓貧窮家庭獲得政府的現金移轉）。這些建議的絕大多數都主張多依賴市場，少依賴政府干預。

除了整體上對市場的偏好之外，經濟學家並不總是善於呈現他們的模型與真實世界之間

* 百分之九十的經濟學家據說都同意以下這項主張：「財政政策（例如減稅以及／或者增加政府支出）對於未完全就業的經濟具有重大的刺激性影響。」曼基，〈新聞快報：經濟學家意見一致〉（"News Flash: Economists Agree," February 14, 2009, *Greg Mankiw's Blog*, http://gregmankiw.blogspot.com/2009/02/news-flash-economists-agree.html）。

的連結。由於經濟學家都接受類似的訓練，也使用相同的分析方法，因此他們的表現就像是一個同業公會的成員一樣。模型本身也許是分析、省思與觀察的產物，但經濟學家看待真實世界的觀點卻是從經驗中自行發展而來，是他們相互之間的非正式交談與交際所造就的副產品。這種共鳴箱很容易造成過度自信：對於廣獲接受的見解或是當下流行的模型抱持過度自信。另一方面，同業公會的心態則是促使經濟學界隔離並且免疫於外來的批評。模型也許有其問題，但只有學界成員才准許指出這一點。外人的抗議都不免遭到忽略，原因是他們不懂模型。經濟學界重視聰明才智甚於判斷力，重視引人注意甚於正確無誤；因此經濟學的熱潮與流行不一定都會自我修正。

對這些問題雪上加霜的是，普遍慣例並不要求經濟學家透徹思考他們的模型在哪些條件下能夠產生作用。如果直接質問經濟學家，他們能夠詳細列出產生特定結果所需的一切假設；畢竟，這就是模型建構的重點所在。不過，要是問他們這個模型比較適合套用在玻利維亞還是泰國，或是這個模型比較近似於有線電視的市場還是柳橙的市場，他們就難以提出明確的答案。經濟學界的標準只要求模型建構者對於自己的模型和真實世界的相關性提出一些一般性的主張。接下來就交由模型的讀者或使用者去推論這個模型在什麼特定情境中能夠幫助我們更加理解現實。*這項含糊因子（fudge factor）增加了執業不當的可能性。把模型搬離原本的情境，即有可能使用在不恰當的環境裡。

矛盾的是，在經濟學的經驗端，例如勞動經濟學與發展經濟學這些幾乎所有經濟學家都直接利用資料與真實世界證據進行研究的領域裡，問題反倒還可能更嚴重。這是因為那些研究背後的模型經常從一開始就沒有受到明確闡述。那些分析的經驗性本質可能會導致我們以為自己從中得知的比實際上還要多。許多經驗性研究者都認為自己的研究根本不需要模型。畢竟，他們只是單純探究一件事物是否有效，或者A是否會造成B。不過，所有因果斷言背後都存在著某種模型。舉例而言，如果提高教育程度會造成收入增加的結果，那麼這究竟是因為教育帶來的報酬，還是因為教育提供了更努力工作的誘因，從而順帶造成收入增加？[17] 明確闡述這些模型能夠釐清研究結果的本質，同時也會凸顯這些結果依情境而變的特性。一旦列出背後的模型，我們就可以看出研究結果取決於哪些因素，以及這些結果套用於其他情境的難易程度。

如同我們見過的，當今有些最引人注意的應用研究採取隨機實地實驗的形式，研究者藉此檢驗特定政策干預是否會產生預期的效果。這類研究的目的在於直接揭露真實世界的運作

---

* 如同東英吉利大學經濟學家薩格登指出的：「經濟學當中……似乎有一項慣例，認為模型建構者不需要明確指出他們的模型能夠讓我們對真實世界獲得什麼理解。」薩格登，〈可信的世界、能力與機制〉（“Credible Worlds, Capacities and Mechanisms”（unpublished paper, School of Economics, University of East Anglia, August 2008），18）。

方式：在一個特定情境當中的運作方式。不過，這些研究同樣沒有闡明其研究結果適用於哪些特定情況下（也就是可能特別適合採用該項干預的經濟與社會所具備的特徵），又有哪些情況是我們不該預期這些結果能夠適用的。這些研究可能輕易造成其研究結果可以普遍適用的印象，但實際上那些結果卻是深深取決於情境。

重點是，經濟學家的作為與職業偏見確實有許多值得抱怨之處。不過，這些缺陷是不是根本性的問題，導致這整門學科淪為一項本質上帶有缺陷的探究社會現實的方式？我不這麼認為。

影響力與責任

經濟學家為什麼會在課堂以外擁有影響力？其實不太容易看出為什麼會如此。畢竟，大多數的經濟學家都以撰寫供彼此閱讀的研究文章為足，而不渴求那樣的影響力。

一般認為他們擁有的這種影響力來自於兩個源頭，而且這兩者之間存在著些微的緊張關係。第一，他們這門學問自命為科學，把有用的知識運用在公共政策問題上。第二，他們的模型所提供的敘事能夠輕易留存在大眾的意識裡。這些有如寓言般的敘事經常帶有寓意，不但能夠化為令人琅琅上口的語句（例如「課稅殺死誘因」），也能夠切合明確的政治意識形態。

如同我在第一章解釋過的，經濟學的科學與故事講述這兩部分通常可以相輔相成。這兩部分共同合作，即可讓經濟學家的信念在公共辯論當中獲得極大的支持。

經濟學家一旦開始把一個模型當成**唯一**的模型，就不免造成危害。這麼一來，模型的敘事就會脫離當初造就此一敘事的情境而獨立出來，成為一項萬用解釋，從而掩蓋其他可能更有用的敘事。所幸，這個問題的解藥是存在的，而且就在經濟學當中。矯正方法就是讓經濟學家回到研討室去，回想起他們擁有的其他那些模型。

我在先前的一本著作裡，曾經援引英國哲學家柏林（Isaiah Berlin）提出的著名分類，而指出經濟學家也有兩種。我當時想到的雖是國際經濟專家，但這個想法其實可以廣泛適用。[18]「刺蝟」只著迷於單獨一個大觀念（市場最有效率、政府是腐敗的、干預會造成反效果），而不斷把這個觀念套用在一切事物上。相對之下，「狐狸」則是欠缺一個大願景，而對世界抱持許多不同觀點，其中有些還會互相抵觸。刺蝟對於問題的觀點永遠可以預測得到：不論經濟問題的確切本質與情境脈絡，解決方案都是提高市場的自由度。狐狸則是會回答：「看情形」；有時候他們會推薦偏向市場的解決方案，有時候則是推薦偏向政府的解決方案。

經濟學在公共辯論當中需要有比較多的狐狸，比較少的刺蝟。能夠隨著情境所需而採取不同解釋框架的經濟學家，比較有可能為我們指引正確的方向。

6 經濟學及其批評者

有一位經濟學家、一位外科醫生和一位建築師共同搭乘一列火車，談起他們三人誰的職業最值得尊敬。外科醫生指出，上帝用亞當的肋骨創造了夏娃，可見上帝一定是外科醫生。建築師隨即回嘴說：「在亞當與夏娃出現之前，上帝必須從混沌當中創造出宇宙，那絕對是一大建築成就。」這時候，經濟學家開口了：「那你認為那團混沌是從哪裡來的？」*

沒有批評者的經濟學，就像是一齣沒有主角的戲一樣。這門學問自命為科學的姿態、在社會科學當中的崇高地位，以及經濟學家在公共辯論當中擁有的影響力，都在在引來批評。批評者指控經濟學家對社會現象採取簡化觀點，提出毫無基礎的普遍適用主張，忽略社會、文化與政治情境，把市場和物質誘因視為實體的東西，而且具有保守派的偏見。我自己在本書中也抱怨了兩項缺陷：不注重模型選擇，以及有時候因為過度重視部分模型而忽略了其他模型。在許多例子當中，經濟學家都引導世界走上了歧路。

不過，我將在本章主張大部分的批評其實都搞錯了對象。經濟學是眾多模型的組合，允許各式各樣的可能性，而不是一套預先準備好的結論。如同三名本身也是批評者的經濟學家指出的，標準論述「通常忽略了存在於這門學問當中的多元性，以及許多受到嘗試的新觀念」，而且也經常忽略這項事實：「一個人就算身為主流的一部分，也不必然抱持『正規』觀念。」[1]批評者說經濟學家的行為並非如此，總是鼓吹普遍適用的解決方案或者市場基本教義；這種說法確實有其道理。不過，批評者也必須瞭解，這麼做的經濟學家其實並未忠於他們所屬的這門學問。這類經濟學家不但應當受到外人的責備，也應當受到經濟學同僚的指責。一旦認知到這一點，許多標準批評就失去了意義，不然也就不再顯得那麼犀利。

重新思考常見的批評

我們在前幾章已經看過一些首要的批評以各種不同面貌出現。以埋怨經濟模型太過簡單為例。這項異議誤解了分析的本質。實際上，簡單乃是科學的一項要求。每一項解釋、假說以及因果陳述，必然都是一種理想化，必須把許多東西排除在外，以便聚焦於本質上。英文的「分析」(analysis）一詞源自於希臘文，原本的意思是把複雜的東西拆解為比較簡單的元素；其反義詞是「合成」（synthesis），意為把事物結合起來。如果沒有這些比較簡單的元素，分析和合成就都不可能實現。

當然，簡單不必然等於簡化。如同據說出自愛因斯坦之口的這句話：「一切事物都應該盡可能簡單，但不能再更加簡單。」因果機制之間一旦具有強烈的互動，而無法分離開來個別研究，模型就確實必須納入這些互動。舉例而言，如果咖啡病蟲害提高了生產成本，並且破壞了主要咖啡出口商之間的一項統一訂價協議，我們就無法個別分析每一項因素（例如供給衝擊與卡特爾化程度的縮減）造成的影響。這類模型將會比其他模型來得複雜。不過，即便是這樣的模型也絕對不可能詳細呈現社會現實。複雜性的擁護者要的如果是詳細呈現社會現實，當然沒有什麼不對。然而，表面現象背後的關係一旦模糊不清，而所謂的解釋又不是建立在簡單的元素之上，那麼複雜性只會導致一團混亂。

另外還有一項相關的批評，認為經濟模型總是提出不真實的假設。經濟學在這一點上確實必須認罪。經濟模型的許多假設，諸如完全競爭、完全資訊、完全預期，都明白可見並不真實。不過，如同我在第一章解釋過的，模型採用不真實的假設，就像實驗室裡的實驗總是

＊ 我讀大學的時候在 BBC 廣播電臺上聽到這個笑話，而說這個笑話的人，毫不意外正是一位經濟學家：舒馬克（E. F. Schumacher）。經濟學家向來都是他們自己最嚴苛的批評者。

在截然不同於真實世界的情況下進行一樣。這兩種做法都可讓我們隔絕各種令人混淆的因素，而辨識出一項重要的因果關係。和實質結果或者受到探究的問題直接相關的關鍵假設，才是需要我們仔細檢視的對象。我們可不會想要憑藉著在真空中得出的原理打造一架飛機。

想想營業稅對汽車造成的影響。我們如果思考對所有汽車課徵的一項（比例）稅所造成的影響，那麼消費者是否把小車與大車視為相同（能夠互為替代品）就不是特別重要。我們大可把這些類型的汽車都視為完全替代品。不過，課稅對象如果只有豪華車，那麼完全替代假設就不再無害。政府收入與汽車銷售所受到的影響，將深深取決於經濟學家所謂的「需求的交叉價格彈性」（一類商品的需求對於另一類商品的價格所具有的敏感度）的大小。這種彈性愈大（就絕對值而言），消費者的購買目標就愈會從大車轉向小車，政府得到的稅收也會愈少。即便在假設愈來愈貼近真實的情況下，經濟學家也必須確保他們的處方仍然成立。

由於經濟學家把個人當成他們的分析單位，因此經常遭人批評他們忽略了社會與文化的行為決定因素所扮演的角色。社會學家與人類學家經常是在社群或社會的層次上為結果尋求解釋，而不是在個人的層次上。（經濟學家偏好把總和結果奠基在個人決策上的傾向，稱為「方法論的個人主義」，近似於總體經濟學當中對於個體基礎的偏好。）這些批評者指出，文化慣例與社會規範才是為特定類別的消費與行為設定價值並且導致其他類別蒙受汙名的力量，而且即便在涉及消費與就業這類經濟決策的情況下，這些力量也經常扮演了決定性的角色。根據這種想法，經濟學家執迷於個別家庭或投資者做出的選擇，不免掩蓋了這項事實：偏好與行為模式其實是「社會建構」而成，或是由社會結構強制造成。[2]

經濟學家最基本的基準模型確實忽略了人類偏好與限制的社會與文化根源。不過，這些模型沒有理由不能夠經過延展而納入這些影響力，並且推衍出這些影響力可能造成的後果。實際上，經濟學裡一項活躍的研究計畫正在進行這樣一件工作，分析身分認同、社會規範與文化慣例如何受到個人相互之間的互動所形塑。[3]除非你認為人根本沒有主體性，其行為完全受到超出他們控制之外的外部力量所決定，否則針對社會現象提出的任何合理解釋必定都需要找出那些現象與個人**選擇**採取的行動之間的相符之處。經濟學家的模型因為奠基於對這些決定受到的限制（包括物質限制、社會限制以及情境限制）所進行的明確考慮上，因此非常適合從事這種分析。從良好社會分析的觀點來看，個人層次與社會層次分析之間的對比其實是一種大致上虛妄而且無益的二分法。

經濟學家是不是偏好市場式解決方案？同樣的，經濟學家在這一點上大概也不得不認罪。不過，如同我已經指出的，此處的問題不在於這門學問的本質，而是在於經濟學家在公共場域呈現出來的形象。在當今這個時代，示範市場的運作方式無助於造就個人的研究事業，而是必須針對亞當·斯密的看不見的手定理提出反例。舉例而言，讀者也許會對這點感到意外：經濟學界裡最熱切支持自由貿易的巴格沃蒂（Jagdish Bhagwati），其學術名聲乃是建立在一系列顯示自由貿易如何可能惡化國家處境的模型上。*要解決這種偏好的問題，答案不在於改造經濟學，而是在於更充分反映早就已經存在於公共辯論當中的各式各樣的模型。

接下來，還有指稱經濟學家的理論無法受到妥切測試的批評。經驗性分析從來沒有決定性的結果，無效的理論也極少受到揚棄。經濟學裡受到偏好的模型一套換過一套，促成這些改變的原因不是證據，而是潮流與意識形態。就經濟學家把自己呈現為社會世界的物理學家而言，這個批評確實合理。不過，如同我先前解釋過的，把經濟學比擬為自然科學不免造成誤導。經濟學是**社會**科學，也就是說尋求普遍適用的理論與結果只會是徒勞。一個模型（或者理論）頂多只會在特定情境脈絡中有效。我們不能預期會有一般性的經驗確效或駁斥。

經濟學的進展是藉著擴增具有潛在適用性的模型，新出現的模型會捕捉到社會現實當中沒有受到先前的模型注意或者重視的面向。經濟學家一旦發現一種新模式，他的反應就是想出一個也許能夠加以解釋的模型。經濟學的進展也是藉著找出更好的模型選擇方法：也就是增進模型與真實世界環境之間相符的程度。如同我在第三章解釋過的，這比較是一種技藝，而不是科學，而且這種技藝在經濟學裡並未獲得應有的重視。不過，利用模型進行研究的優勢，在於模型選擇所需的元素，包括關鍵假設、因果路徑，以及直接與間接後果，全都透明可見。這些元素可讓經濟學家檢驗模型與環境之間的對應，就算無法進行正式而且決定性的檢驗，至少也能夠進行非正式與聯想性的檢驗。

最後，經濟學為欠缺預測能力而遭到指責。高伯瑞（John Kenneth Galbraith）曾經譏嘲指出，上帝創造經濟預測家是為了提振占星術士的權威形象（他本身也是經濟學家）。這項批評在近期的首要證據就是全球金融危機：這場危機發生的時刻，正是絕大多數的經濟學家都以為總體經濟與金融已達到恆久穩定的時候。我在前一章解釋過，這種錯覺正是把一個模型誤認為是**唯一**的模型這個常見盲點所造成的另一個副產品。矛盾的是，經濟學家要是更認真看待他們的模型，對於金融創新與金融全球化的後果就不會那麼充滿信心，對後來出現的金融反作用現象也會有更充分的準備。

不過，沒有一門社會科學應該自稱能夠做出預測並且依此受到評斷。社會生活的方向不可能預測。影響社會生活的驅動力太多了。以模型的用語來說，未來的模型很多，包括尚未建構出來的模型！我們頂多可以預期經濟學和其他社會科學做出**條件式**的預測：告訴我們個別變化在其他因素保持不變的情況下可能造成的結果。這就是好模型的作用。好的模型能夠

＊自從一九八〇年代以來，巴格沃蒂就一直不斷倡導自由貿易。在他早期的學術研究中，他指出開放經濟可能會因為其進出口商品的世界價格變動，而在成長方面有所損失。他也深入分析市場扭曲的存在以及所需的政策回應，證明了自由放任在許多情況下都不是最佳選擇。巴格沃蒂，〈悲慘性成長：由幾何觀點來談〉（"Immiserizing Growth: A Geometrical Note," *Review of Economic Studies* 25, no. 3（June 1958）: 201–5）；巴格沃蒂與拉馬斯瓦米（V. K. Ramaswami），〈國內扭曲、關稅以及最適補貼理論〉（"Domestic Distortions, Tariffs and the Theory of Optimum Subsidy," *Journal of Political Economy* 71, no. 1（February 1963）: 44–50）。

為若干大規模變化的後果或者某些肇因壓倒其他肇因所造成的影響提供指引。我們可以合理確信大量的價格控制將會導致短缺，歉收將會造成咖啡價格上漲，中央銀行在尋常時期挹注大量貨幣將會引發通貨膨脹。不過，在這些例子裡，「其他一切保持不變」乃是一項合理的假設，於是這些預測也就顯得比較像是條件式預測。問題是我們通常猜不到各種可能的變化當中究竟是何者會發生，也無法確定那些變化在最終的結果當中占有多少的相對分量。在這類例子裡，經濟學需要的是謹慎與謙遜，而不是自信。

在本章剩下的篇幅，我將回應另外兩項截至目前為止我都沒怎麼提及的批評。首先，我將探討這項指控：經濟學充滿了價值判斷，而且其中許多所謂的科學分析其實都只是表達了對市場社會的一種規範性偏好而已。第二，我將評估這項論點：經濟學反對多元性，而且對新做法與新觀念充滿敵意。

價值觀的問題

經濟學裡大多數的模型都假設個人會採取自私的行為。他們為自己（可能也包括自己的子女）的消費可能性追求最大化，而且不在乎別人受到的影響。在許多情境裡，這種假設確實具有充分的真實性。如果是相反的假設，認為人會做出完全無私的行為，看起來就一點都不合理。就算承認人可能會表現出若干程度的利他與慷慨行為，也不會大幅改變許多結果。為數不少的研究都放寬這項極端的假設，而納入若干程度的利他以及在乎他人的行為。在某些情境裡，例如慈善活動或是普選當中的投票行為，如果要理解實際上發生的狀況，就必須慮及除了自利以外的其他額外動機。儘管如此，我們還是可以說自利行為是經濟學當中的一項基準假設。不過，模型的目的在於描述**實際上**發生的情形，而不是應該發生的情形。這種分析當中沒有價值判斷。

看不見的手定理這項經濟學的最高成就，也許確實促使了經濟學家對於自利表現比較縱容而且無動於衷。畢竟，這項定理的關鍵洞見就是自利可以為公共目的服務。一群自私的人不必然會造成經濟與社會混亂。從社會的觀點來看，面對少數人追求物質優勢的問題，解藥就是讓其他許多人也一同追求物質優勢。自由而且不受阻礙的競爭能夠化解原本可能出現的病症。

這點與美國的憲政設計存在著一項適切的相似之處。麥迪遜（James Madison）、漢彌爾頓（Alexander Hamilton），以及美國聯邦體制的其他設計者認為政治制度當中必定會充斥著壓力團體的自利追求。他們於是依據這樣的想法設計制度，在其中加入許多的制衡。多重的權力中心及其權勢受到的限制，連同聯邦的龐大規模，將會預防任何一個黨派取得上風。批評聯邦黨人把自利心態供奉在美國政治當中並不公平；他們認為自己只是單純在因應自利心態的後果。同樣的，經濟學家的模型裡雖然充斥著自私的消費者，但他們並沒有要藉此表達道德立場；他們只是在描述這類消費者在市場裡與同樣自利的廠商進行互動所造成的結果。

不過，自利在經濟模型當中扮演的基準角色，是不是會產生偏好自利的規範性偏見？我們可以探究經濟學是不是「正常化」了這種行為（將這種行為變成常態），而排擠其他比較社會導向的行為。有一項研究似乎強化了這項擔憂，因為該項研究發現主修經濟學的大學生比主修其他領域的學生更容易表現出自利行為。他們的行為比較合乎基準經濟模型，例如囚徒困境。有些人把這項研究結果解讀為修習經濟學會讓人變得更自私。

實際上，這項結果也可以指向另一個假設：特定種類的學生比較有可能投入經濟學。針對以色列學生進行的研究發現，經濟學和其他領域的學生在價值觀上的差異，早在前者開始修讀經濟學之前就已存在。瑞士的研究顯示，特定類型的經濟學主修生（聚焦於商業上的學生）從剛進入大學開始，捐款給弱勢學生的傾向就低於其他學生。不過，他們在這方面的傾向並不會隨著修習經濟學而降低。[4] 所以，經濟學有可能確實吸引了一群不同種類的學生：比較自私的類型！不過，聲稱經濟學會使人變得更自私的指控卻是相當薄弱。

由於自利心態在經濟模型裡具有重要地位，經濟學家因此對於奠基在誘因之上的公共問題解決方案展現出偏好。想想氣候變遷以及碳排放該怎麼因應的問題。輿論在這方面意見紛歧，但經濟學家的觀點卻是幾乎完全一致：他們建議對碳排放課稅，或是採取另一種近似的措施：對碳排放設定配額，並且允許排放國交易排放額度。* 這兩種措施的目標都是要讓廠商使用碳的成本提高，獲利減少。在經濟學家眼中，這種政策是正確的，因為其中處理的是相關的邊際量。廠商未能把自己的決策所造成的環境影響納入考量，所以正確的反應就是讓它們為自己的碳排放付費，藉此迫使它們「內化」外部成本。

許多非經濟學家都不贊同這項解方，因為這麼做似乎是把一項道德責任（「你不可破壞環境」）變成成本效益的算計。再更進一步，有些人會說課徵碳稅或者開放碳排放交易將造成汙染正當化。這種措施向廠商傳達的訊息，似乎是說你只要付費，那麼排碳以及造成氣候變遷惡化就都沒有關係。哈佛大學政治哲學家桑德爾（Michael Sandel）近年來一再高聲批評他認為經濟學對公共文化造成的有害影響。以下是桑德爾對於物質誘因的說法：

> 為人生中的美好事物貼上價格有可能會敗壞那些事物，原因是市場不僅分配商品，還對受到交易的商品表達並且提倡特定態度。付錢請孩子讀書也許會促使他們讀更多書，但也可能教導他們把讀書視為一件乏味的工作，而不是一種內在滿足的來源。雇用外籍傭兵幫我們打仗也許可讓我們的國民保住性命，但也可能敗壞公民身分的意義。[5]

* 這兩種政策在完全資訊世界裡全然相等，但在存有不確定性的狀況下則是會產生不同的結果。

換句話說，依賴市場與誘因會養成具有腐蝕性而且有害社會目標的價值觀。

經濟學家也許會回應指出，他們不是把碳排放控制這類目標視為道德議題，而是效率的問題。道德規勸很好，但誘因才是確實有效。如果遭遇更多阻力，經濟學家就可能會訴諸經驗主義。他們會說：好吧，我們可以向你展示數以百計的研究，證明廠商會因為石油價格上漲而減少用油量；但你能不能提出道德規勸達成碳排放減量的例子？

經濟學家的本能反應是把這個世界視為既定現象，包括人類的自私性在內，並依據這項可見的限制設計解決方案。他們會說這與他們本身的價值觀及道德觀毫不相干，只與他們的經驗取向有關，而這樣的說法也確實正確。這樣的想法如果使得他們有時候太輕易貶抑不是奠基在誘因上的解決方案，那麼至少他們也會因此而在證據面前願意承認對手所言有理。

我在第二章簡略提過，一項出乎意料的真實生活實驗在經濟學家之間造成一陣騷動。以色列一家托兒所為了減少遲到現象，而對接小孩遲到的父母收取罰款。這個政策正符合經濟學家會推薦的做法：如果要減少一種行為，就讓展現這種行為的人為此付出更多代價。不過，令幾乎所有人都感到意外的是，遲到的情形在施行罰款之後反倒增加了。明顯可見，現在由於必須付費，父母因此覺得遲到沒有關係。實施金錢懲罰之後，原本對父母行為具有遏制效果的道德禁令就因此放鬆了。或者，以經濟學家的行話來說，遲到的道德成本因此降低，甚至消除了。如同經濟學家鮑爾斯指出的，這個例子顯示物質誘因有時候可能會排擠道德行為或者在乎他人的行為。[6]

這個例子為經濟學家帶來的教訓，就是他們有時候不能僅僅使用最簡單的模型當中的那些人類行為典範（或是成本與效益的典範），而必須要有更豐富的典範。只要有證據顯示基準模型不成立，經濟學家通常就會願意以這些方式思考，並且做出必要的修正。在這個案例中，基準模型明白可見並不成立。不過，他們仍然不會以道德觀點看待這個案例的延伸應用，而是會採取關聯性與有效性的觀點。舉例而言，以色列托兒所帶來的教訓是否也適用於碳排放控制？認為發電廠在氣候變遷問題上秉持道德觀點，並且會因為課徵碳稅而受到大幅影響，是一種切合實際的想法嗎？公共教育運動、喚起公眾重視，或是道德規勸，真的有可能對碳排放造成比較大的影響效果嗎？在經濟學家眼中，這些問題是經驗問題，而不是道德問題。

至於桑德爾那項更廣泛的指控，又該怎麼說呢？他認為市場會培育出「市場價值觀」，促使我們在市場上交易不該受到交易的東西。「當今這個時代，」桑德爾寫道：「幾乎任何東西都可以買賣。」他說，所有東西「都可以拿來賣」。除了碳排放稅以外，桑德爾還舉了以下這幾個例子：加州聖塔安娜（Santa Ana）的一所監獄可由囚犯支付一夜九十美元的費用住進升級牢房；明尼亞波利斯以及其他城市開放只單獨承載一人的車輛以八美元的代價行駛高承載車道；八千美元可以雇用一名印度代理孕母；支付二十五萬美元即可獵捕瀕臨絕種的黑犀牛；支付一千五百美元即可取得醫生的手機號碼。[7]在桑德爾眼中，這些例子以及其他例子顯示市場價值觀在我們的社會生活中扮演了愈來愈大的角色。

可是，這些市場價值觀究竟是什麼呢？追根究柢其實只有一項：效率。對於市場（而且是運作順暢，沒有各種缺陷的市場），經濟學家唯一能夠主張的就是市場能夠以一種確切方式對資源做出有效率的配置：這種方式就是再也沒有其他可行的方法能夠讓某些人更加富裕而不導致其他人更貧窮。如果有任何一位經濟學家指稱奠基於典型經濟學之上的市場具有更廣泛的公平、正義或道德價值，純粹就是瀆職的表現。

當然，市場與效率的關聯並不阻止個別經濟學家為市場附加額外的價值。舉例而言，一名經濟學家的個人價值觀可能會促使他因為信奉自由至上主義而倡導自由企業體制：也就是認為個人想要與任何對象從事商業活動的自由不該受到縮減。不過，這些信念源自於經濟學之外。經濟學家對這些觀念的擁護並不會比建築師或醫師的擁護為其賦予更高的可信度。此外，市場與效率的關聯也不排除這樣的主張：根據明確證據，在特定案例下減少對市場的干預可能會帶來除了效率以外的效益。舉例而言，經濟學家經常指稱撤銷開發中國家的燃料補貼除了促進效率之外，還可提高分配公平性。原因是補貼不僅導致燃料的過度消費（這就是無效率的來源），主要裨益的對象也只會是富裕人口（他們才是受補貼燃料的主要使用者）。不過，這類主張必須針對個別案例提出經驗證據加以證明。

效率是好事嗎？就其本身而言的確是。我們可以毫不猶豫地說，在比較不同社會狀態的時候，效率是一種值得納入考量的因素（一種價值）。不過，效率絕對不是唯一的一項。公平是另一項值得重視的價值，還有在乎他人，以及對社會負責的行為所具有的內在道德價值也是。有時候，這些考量會把我們推往與效率相同的方向，從而強化追求市場的論據。另外有些時候，這些考量之間可能會有必須考慮的緊張關係以及取捨。哪些東西應該以及不該在市場上販售的問題，終究必須在許多不同層面上針對取捨進行評估。不同社群可能會得出不同的答案。即便在同一個社群裡，答案也可能隨著時間而變。再次強調，經濟學家在從事這些取捨上沒有特別的專業，頂多只能提供有用的意見而已。

舉例而言，對於向單獨駕車者行駛高承載車道收取通行費的措施，經濟學家也許能夠在討論當中做出貢獻。他們能夠針對若干議題提出有根據的推測，例如什麼類型的駕車者最有可能願意支付這筆費用、這項措施的受益者（因此得以更快抵達目的地）所獲得的利益、高速公路管理單位因此獲取的資金及其可能用途，以及高承載車道的潛在壅塞成本的分配情形（由誰支付這些成本，又支付多少？）。這些問題的證據也許終究會促使大多數人認為收費選項就整體而言是好的選擇。同樣的分析如果套用在牢房升級的問題上，可能會得出相反的結論。在這兩個案例中，經濟學家如果沒有認知到除了效率以外的其他各種考量，就沒有正當理由可以倡導市場選項為普遍性的解決方案。

公平地說，桑德爾的論點並不是稻草人論證。經濟學家確實會因為一時粗心，而將自身主張的適用範圍擴大到超出經濟學允許的範圍。還記得前一章提到那些絕大多數經濟學家都一致同意的事項嗎？其中許多都涉及隱含的價值判斷。經濟學家一旦主張外國貿易不該受到限制，外包不該受到禁止，或者農業補助應該撤除，他們其實都是對無法單純以效率加以評估的問題做出了判斷。那些事項當中其實都混雜了正義、道德、公平與分配的問題。自由貿易的受益者如果主要是富裕人士，而輸家則是我們社會中部分最貧窮的勞工，那麼追求自由貿易必然是公平的做法嗎？貧窮國家的勞工如果缺乏基本權利，而且必須在充滿危險的職場情況下辛勤勞動，那麼藉著把工作外包給這些國家而獲利是公平的嗎？同意這些陳述的那百分之九十幾經濟學家，要不是沒有意識到這些問題，就是把這些問題都納入效率的考量之下。不論是哪一種情形，都有個問題。即便假設效率後果都一律可以輕易預測（而且我在前一章提及的顧慮可以淡化），經濟學家在這些特定領域的表現也無疑是超出自己的能力之外。

由於經濟學家所受的訓練只教導他們以配置效率的眼光評估其他社會狀態，而沒有提供他們別的工具，所以每當他們受到要求對社會政策提出評論，就很容易犯下這項錯誤。他們很容易把效率和其他社會目標混為一談。有效的反駁將會揭穿經濟學家的裝腔作勢，向他們指出他們在哪些地方逾越了經濟學的界限。同樣的，經濟學家也必須提醒大眾，政治人物以及其他政策企業家代替他們提出的許多主張，其實都無法在經濟學裡找到完整的正當基礎。

在支持市場的非經濟論點當中，最早而且最具影響力的一項就是指稱參與市場活動能夠平撫人類的性情。如同赫緒曼在《熱情與利益》（*The Passions and the Interests*）這部權威著作當中提醒我們的，十七世紀末與十八世紀的思想家認為尋求利潤的動機能夠抵銷比較卑下的人類動機，例如暴力以及宰制別人的衝動。當時經常把「doux」（意為「甜美」）一詞附加於「commerce」（商業）這個字眼，表示商業活動能夠促成溫文平和的互動。孟德斯鳩說過這句名言：「在舉止溫和的地方，必定有商業活動；有商業活動的地方，舉止也必定溫和。」李嘉圖的祖父李卡德（Samuel Ricard）曾經指出，多虧商業，人類才會追求深思熟慮、誠實與審慎等美德。人類與惡行保持距離，以免喪失信用，淪為醜聞的主角。藉著這種方法，利益能夠緩和激烈的情感。[8]

這些早期的哲學家之所以鼓勵市場的散播，不是為了效率或者物質資源的擴張，而是因為他們認為這樣能夠造成比較道德也比較和諧的社會。反諷的是，在三百年後的今天，市場在許多人眼中卻與道德敗壞聯想在一起。正如今天的市場擁護者忽略了效率的限制，市場的批評者恐怕也忽略了市場對於合作精神的貢獻。

缺乏多元性

最常針對經濟學提出的一項抱怨，就是指稱經濟學有如一個排擠外人的社團。批評者指出，這種排他性導致這門學問與外界隔絕，對於看待經濟學的新式觀點以及不同觀點也都封閉不理。他們認為經濟學應該更具包容性、更具多元性，也更樂於接納非正規觀點。

這是學生經常提出的一項批評，部分原因是經濟學的教學方式。舉例而言，在二〇一一年秋季，一群學生在哈佛大學廣受喜愛的經濟學入門課堂上進行了一場集體退席活動。那門課的教授是我的同事曼基。他們抗議說那門課在經濟學的掩護下散播保守意識形態，並且協助維持社會不平等。曼基鄙斥那群抗議學生「孤陋寡聞」。他指出，經濟學沒有意識形態；經濟學只是一種方法，可讓我們明智思考，得出正確的答案，並沒有預先決定的政策結論。[9]

二〇一四年四月，曼徹斯特大學一個自稱為「後危機經濟學社團」的學生團體發表了一本六十頁的宣言，倡議經濟學教育的具體改革。那份報告包含一篇由英格蘭銀行的高階官員霍丹（Andrew Haldane）所寫的前言，並且獲得其他許多經濟學家的讚賞。那本宣言批評經濟學教學太過狹隘，主張提升多元性，納入道德、歷史與政治的觀點。那些學生寫道，標準經濟典範的壟斷遏阻了「有意義的批判思考」，因此對經濟學本身有害。*

鑒於經濟學當中的模型帶有明顯可見的多元性，我們要怎麼理解這些埋怨呢？從學生的觀點來看，問題在於經濟學入門課程有太多內容都在頌讚市場。這些課程並未令人感受到經濟學當中的結論所具有的多元性。學生如果不繼續修習許多經濟學課程，就不太可能接觸到這些多元性。經濟學教授之所以被指控為狹隘又充滿意識形態，原因是他們在向外人傳達自己這門學問之時，乃是自己最糟的敵人。與其讓人體會到這門學問當中各式各樣的觀點，他們反倒把焦點聚集在強調一組結論的基準模型上。這種情形在入門課程當中尤其明顯，只見教授一心想要示範市場的運作方式。如同牛津大學經濟學家雷恩路易斯（Simon Wren-Lewis）指出的：「經濟學受到教導的方式有一點頗為悲哀，就是學生不太有機會看見（這門學問裡）種種有趣的事物。」[10]我們能夠怪罪學生要求不同的觀點嗎？

我自己也經常違反經濟學家之間的普遍觀點，但我的職業生涯並沒有因此遭到明顯的傷害（至少我認為沒有！）。在許多非經濟學家眼中，我也許還不夠激進，但在經濟學界裡，我卻經常被視為反傳統的人物。哈佛大學的一位經濟學同僚每次見到我就會說：「革命進行得怎麼樣了？」然而，儘管我許多著作所得出的政策結論都與當前盛行的學術觀點不同，我

---

*《經濟學、教育以及歸零：曼徹斯特大學的經濟學教育》（*Economics, Education and Unlearning: Economics Education at the University of Manchester*, Post-Crash Economics Society（PCES）, April 2014, http://www.post-crasheconomics.com/download/778r）。牛津大學經濟學家雷恩路易斯善加討論了那些學生的批評有何對錯之處，見〈經濟學生的反抗〉（"When Economics Students Rebel," *Mainly Macro*（blog）, April 24, 2014, http://mainlymacro.blogspot.co.uk/2014/04/when-economics-students-rebel.html）。

卻從來不曾真正覺得自己在學界遭到歧視。我不認為我的研究論文曾經因為其中的推論而遭到期刊編輯或者學界同儕更嚴苛的評判。

結論的多元性是一回事，方法的多元性又是另一回事。沒有一門學問會容許太過偏離普遍慣例的研究方式，經濟學對於違反學界行事方法的研究者更是毫不寬容。如果有志於成為經濟學家，就必須建構出明確的模型，並且採用適當的統計法。這些模型可以納入許許多多的假設；在這一點上如果沒有能夠自由發揮的空間，就不可能得出新奇或者非傳統的結論。不過，不是所有假設的可接受度都相同。在經濟學裡，這表示研究者一旦偏離基準假設愈遠，為這樣的偏離提供正當理由與動機的負擔就愈大。

如果想要被視為圈內人，想要讓別人認真看待你的研究，你就必須依照這些規則行事。我的研究如果在經濟學界內獲得接受，原因就是我遵照了這些規則。我這麼做不是因為那些規則可讓我展示自己的資歷，而是因為我覺得那些規則很有用。那些規則約束了我的研究，並且確保我知道自己在說些什麼。不過，那些規則的限制性並不至於阻礙我追求能夠產生反傳統結論的分析興趣或途徑。

因此，經濟學為方法多元性提供了有限的空間：遠小於政策結論的多元性所享有的空間。大多數經濟學家都會說這是一件好事，原因是這樣能夠避免潦草馬虎的思考以及拙劣的經驗性資料。方法有好有壞。明確區辨因果連結的形式框架優於對因果互動關係留有不同解讀空間的文字陳述。經濟學家談論市場競爭、協調失靈或者囚徒困境之時所使用的模型，對於社會現象的解釋都是透過分析形塑那些社會現象的行為者所從事的行為，而這種模型就優於把能動性歸諸沒有固定型態的社會運動的模型。重視因果問題以及「遺漏變數偏誤」問題的經驗性分析，也優於不重視這些問題的經驗性分析。

在某些人眼中，這些限制代表一種方法上的緊身衣，不免導致排擠新思維的後果。不過，我們很容易誇大經濟學界當中這些規則的僵固性。* 以我本身的經驗而言，我見過經濟學在短短三十年間就出現劇烈的變化。

想想我在一九八〇年代中期就讀研究所期間所鑽研的領域。我當時考試的三個科目分別為經濟發展、國際經濟學與產業組織，但這三者都已經變得大為不同。最重要的是，這三者現在都是以經驗性研究為主，不再是理論性的科目。我在寫學位論文的時候，這些領域裡最優秀的人物都專注於應用理論，建構試圖闡釋經濟特定面向的數學模型。證據是用於促成那些模型，有時候則是用於支持那些模型的結果。不過，把大部分的研究工作投注於經驗性分

* 即便是圈外人對於經濟學界提出理解相對深入的陳述，也通常都會過度誇大這門學問的僵固性，並且低估這門學問隨著時間改變的可能性。舉例而言，見佛凱德、奧利昂與阿爾甘，《經濟學家的優越性》（*The Superiority of Economists*, MaxPo Discussion Paper 14/3（Paris: Max Planck Sciences Po Center on Coping with Instability in Market Societies, 2014））。這篇論文雖然列舉了經濟學當中出現的許多改變（我也引述於下文），卻還是強調這門學問的同質性。

析在當時卻是不尋常的做法。只有比較差的學生，那些頭腦不夠靈光而且理論技巧也不如人的學生，才會對模型進行經驗性檢驗。

然而，在當今的經濟發展與國際經濟學這兩個領域裡，論文如果沒有包含嚴肅的經驗性分析，就幾乎不可能獲得頂尖期刊的刊登。此外，產業組織的研究也變得更加經驗性，儘管程度不及另外兩個領域。此外，什麼算是可以接受的經驗性分析，也已經徹底改變了。經濟學當今的標準，要求更加重視資料品質、基於證據的因果推論，以及各式各樣的統計陷阱。整體而言，此一經驗性轉向對於經濟學的影響是好的。舉例而言，在國際經濟學當中，經驗性研究得到了許多新發現，顯示品質與生產力的差異對於參與國際貿易的廠商而言非常重要，並且也為這些發現提出了更多種類的模型。在發展經濟學當中，新證據已促成衛生、教育和金融方面的政策創新，可望改善千百萬人的生活。

觀察經濟學轉變的另一個方式，則是檢視近數十年來蓬勃發展的新研究領域。其中三個領域尤其值得注意：行為經濟學、隨機對照試驗，以及制度。引人注意的是，這三個領域全都深受經濟學以外的領域所影響（分別為心理學、醫學與史學），實際上也是由那些領域激發而成。這些領域的成長可以證明，所謂經濟學封閉保守，對於其他類似學科的貢獻忽略不理的說法並不正確。

就某些方面而言，行為經濟學的興起標誌了標準經濟學對於傳統最大的偏離，因為這個領域削弱了經濟模型當中近乎權威性的基準假設：亦即個人是理性的。理性假設不只在許多情境中都顯得明智，也讓行為的模型建構能夠採用標準數學最佳化技巧，亦即個人在預算及其他限制下對於定義明確的目標函數追求最大化（在某些案例中可能是最小化）。經濟學家利用這些技巧，即可對消費者如何選擇購買哪些產品、家庭如何儲蓄、廠商如何投資、勞工如何尋找工作等等做出特定預測，同時也預測這些行為如何取決於情境的具體細節。

理性假設在經濟學裡向來有其批評者，例如賽蒙（Herbert Simon）主張採用一種有限形式的理性（稱為「有限理性」），尼爾森（Richard Nelson）則是指稱廠商取得進步的方式是嘗試錯誤，而不是最佳化；更別提亞當．斯密本身就可能算得上是史上第一位行為經濟學家。[11]不過，對主流經濟學造成最大衝擊的卻是心理學家康納曼（Daniel Kahneman）與他的共同作者所撰寫的著作。[12]這項貢獻在二〇〇二年受到頒給康納曼的諾貝爾經濟學獎所肯定，那是這個獎項第一次頒給非經濟學家。*

康納曼與同僚所從事的實驗，列出了一長串的行為常態，全都違反經濟學當中所謂的理性。一般人捨棄一件物品的時候，對那件物品的評價會比取得的時候高（損失趨避心理）；習於從少量資訊做出過度概括的推論（過度自信）；不願相信牴觸自身信念的證據（確認偏

* 二〇〇九年的諾貝爾經濟學獎則是頒給政治學家歐斯壯（Elinor Ostrom），表彰她在制度與管理共用資源方面的研究。

誤）；面對明知對自己有害的短期誘惑，卻還是不免屈服（自制力薄弱）；重視公平與互惠（有限自私性）；如此等等不一而足。這些類型的行為在經濟學的許多領域裡都具有重要影響。舉例而言，金融當中的效率市場假說（見第五章）必須奠基於投資者抱持沒有偏見的預期。經濟學家把這些新發現納入他們的模型之後，即可解釋長久以來一直無法理解的金融市場異常現象。舉例而言，資產價格對於新聞消息明顯可見的過度敏感，可以由一般人容易對新近資訊出現過度反應的傾向加以解釋。[13]這些來自社會心理學的洞見，後來也應用於許多決策領域，諸如儲蓄行為、醫療保險選擇，以及貧窮農民的肥料使用。[14]行為經濟學從一門邊緣學科發展為經濟學當中最活躍的一個領域，吸引了學界裡最頂尖的人才。

隨機對照試驗是另一種類型的偏離。這個領域代表了朝向經驗主義的一大躍進，目標在於提出完全清楚明白而且毫不模糊的證據。經濟學當中的經驗性研究向來存在著難以找出真實因果關係的問題。不管研究者是想要確知補助殺蟲劑蚊帳對於瘧疾病例數的影響或是確認其他因果關係，世界都不會因此靜止不動以供他們研究。太多其他事物都會同時變動，混淆我們所找尋的效果。經濟學家已開始利用隨機做法研究這類問題。舉例而言，蚊帳可以發放給一群隨機抽樣的收受者（實驗組），而非收受者則構成自然的控制組。如此一來，這兩組的結果差異即可歸因於干預手段的效果。相較於複雜的統計技巧，這種做法比較簡單，也能夠有效辨識出哪些措施在特定情境中是否有用。一如往常，從一組結果做出概括性的推論仍然充滿問題，原因是這麼做必須將既有的結果推論至不同條件當中。

貧窮國家為這種實地實驗提供了特別合適的條件，因為哪些種類的解決方案在那些情境當中最有效果受到各方的廣泛辯論，而且那些國家也有空間可以嘗試不同的干預措施。鑒於貧窮現象在那些國家裡的普遍程度，辨識出有效干預手段將會帶來極大的效益。隨機對照試驗的部分面向至今仍然充滿爭議。批評者抱怨指出，隨機對照試驗的擁護者過度誇大了我們能夠從研究低度發展的本質以及所需政策的實地實驗當中得到的收穫。[15]不過，沒有幾個人會否認這波新式的研究已將經濟學帶往不同的方向，並且充實了我們對於開發中社會許多面向的理解。

實地實驗是聚焦於特定社群的細膩分析，經常一次只專注於一座村莊。相對之下，針對制度發展所進行的研究，採取的則是比較總體性的觀點，也涵蓋了廣泛的歷史範圍。這種研究聚焦於促使繁榮的現代資本主義得以實現的制度：法治、契約強制履行與財產權保護，還有政治民主。這種研究直接受到其他學科當中的研究啟發，包括比較政治發展以及歷史。不過，那些學科當中的洞見受到進一步的精修，並且建構成經濟學家習慣的那種模型。此外，這種研究也花費許多心力，以最新的統計技巧，透過複雜的經驗性分析證明這些觀念。

麻省理工學院經濟學家艾塞默魯（Daron Acemoglu）與受過經濟學訓練的哈佛大學政治學家羅賓森（James Robinson）是這一波新式研究毋庸置疑的領導者。他們一舉成名的第一項重大研究計畫，是一篇標題為〈比較發展的殖民緣起〉（The Colonial Origins of Comparative Development）的論文，與他們的麻省理工學院同僚江森（Simon Johnson）共同寫成。[16]這篇論文主張殖民者在好幾百年前強制施行的制度模式，至今仍然迴盪不去。殖民者在新領域定居下來之後，就設立了保護財產權以及會促進成長與發展的制度。這種情形主要可見於美國、加拿大、澳大利亞與紐西蘭。當地的衛生條件一旦無法讓外來人口大量定居，例如非洲大部分地區，殖民者設立的就是比較適合榨取資源的制度，從而拖累了發展。這篇論文之所以大獲成功，除了這項論點之外，更是因為作者用於證明其主張的那種充滿想像力的經驗性做法。簡而言之，他們利用早期西方移民（例如軍官與傳教士）的死亡率資料來辨別殖民地的環境是否適合設立保護財產權的制度。*

這篇論文不是沒有批評者，但引發了一波政治經濟、制度發展與比較經濟史的新研究，令人回想起社會科學的早期年代，也就是經濟學尚未獨立為一門學科的那個時期。除了儲蓄和資本累積這類經濟決定因素之外，資本主義發展的深層肇因是什麼？西班牙與葡萄牙在地理大發現時代曾是世界的領導者，後來為什麼在發展上陷入落後？族群區隔或者文化屬性會造成什麼樣的長期經濟影響？這些都是古老的問題，只是他們使用了新的探討方式。[17]此外，這些問題也是「大」問題，見證了經濟學探究社會科學當中若干最重要議題的能力。

這些新的研究領域也許尚未產生決定性的結果，也尚未徹底改變經濟學的面貌。不過，我的重點是這些研究領域納入了其他學科的洞見，並且把經濟學帶往新奇的方向。這些研究領域顯示，把經濟學視為一門近親繁殖的封閉學科，隔絕於外來影響，這種觀點其實比較是一種成見，而不是真實。

抱負與謙遜

對於經濟學的大部分批評，歸根究柢都是指控經濟學家使用了錯誤的模型。他們應該採取凱因斯學派、馬克思學派、明斯基學派的立場，而不是新古典學派；應該採取需求面而不是供給面的立場；應該採取行為主義而不是理性主義的立場；應該採取網絡理論而不是方法論的個人主義；應該採取結構主義而不是互動論。不過，單純改用另一套框架，而且那套框架本身也欠缺普遍適用性，只捕捉了現實的一小部分，絕對不可能是解答所在。實際上，如同我指出的，這些不同觀點的洞見都已涵蓋於經濟學的模型建構標準做法當中。這一切的鴻溝都可以受到彌縫，方法就是把經濟學視為各種模型的集合，連同一套在模型之間進行探索

* 那三位作者主張，早期的殖民者在遭遇死亡風險比較少的地方，比較有可能會建立良好的制度。此外，導致西方移民死亡的疾病通常與影響當地居民的疾病不一樣。這些假設使得那三位作者能夠利用西方移民的死亡率做為制度品質差異的外部來源，獨立於可能對長期發展途徑造成影響的其他決定因素，例如距離貿易路線的遠近。

的體系。

經濟學當中最成功也最著名的學者，就示範了這樣的做法。以研究監督管制而贏得二〇一四年諾貝爾經濟學獎的法國經濟學家提霍勒（Jean Tirole），就是一個很好的例子。一如往常，他得獎的消息公布之後，記者隨即蜂擁而來，希望對他獲獎的研究求取簡要的描述。不過，他提供的回答卻不免令他們感到失望。「我的貢獻無法輕易概述，」他抗議道：「我的研究是因產業而異的。管理支付卡的方式和管理智慧財產或者鐵路的方法毫不相干。有許多不同的因素必須考量，這也正是這種研究為什麼會這麼有趣的原因。這種研究的內容非常豐富……不是一句話就可以概括的。」[18]

像提霍勒這樣忠於其所屬學科的經濟學家，必定都相當謙遜。他們從經濟學當中得知自己只能對極少數的議題表達毫無疑問的觀點。他們對大多數問題的回答必定都只能夠是：「看情形」、「我不知道」、「給我幾年的時間（還有研究經費）探究這個問題」、「這個問題有三種觀點……」，或者「假設有 n 個商品和 k 個消費者……」。在這種角色當中，他們仍舊不免遭人批評為象牙塔學者，只會玩弄抽象數學模型和複雜的統計數據，而未能對社會理解以及公共問題的解決做出貢獻。

不過，身為取捨的科學，經濟學巧妙地在帳目兩端都為我們提供了啟發：成本與效益，可知與不可知，不可能與可行的事物，有可能與機率相當高的事物。正如社會現實容許廣泛的可能性，經濟模型也向我們提醒各式各樣的情境。在這種情況下，經濟學家之間的歧見是自然現象，而謙遜更是絕對正確的態度。我們應該讓大眾接觸這些歧見與不確定性，而不該令他們對經濟學提供的答案陷入虛妄的自信。

謙遜也可讓經濟學家在社會科學的整體學術社群中成為比較好的公民。坦白承認他們真正知道而且瞭解的有多少，將有助於他們彌縫經濟學和其他非實證社會科學傳統之間的鴻溝。這麼做也許有助於他們和那些透過文化、人文主義、建構主義或詮釋性觀點檢視社會現實的人士進行更順暢的對話。這些不同觀點的擁護者所提出的一項核心異議，就是經濟學採取一種普遍適用而且化約式的做法。[19]不過，經濟學一旦把模型的多元性以及依情境而異的特性置於最重要的地位，這些差異就不再有乍看之下那麼嚴重。舉例而言，經濟學家對於「那麼文化該怎麼辦？」這個問題所提出的答案，絕對不可以也不應該是：「文化無關緊要。」而應該是：「好，我們來試試看建構一個文化的模型。」意思就是我們應該明白確認自己的假設、因果鏈為何，以及觀察得到的可能後果是什麼。只要是明智的社會科學家，都不該對這樣的探究方式置之不理。

經濟學家還是能夠以公共知識分子或社會改革者的身分追求更遠大的抱負。他們可以在許多領域中提倡特定的政策與制度，藉以改善資源的配置、釋放創業活力、促進經濟成長，以及提升公平性與包容性。他們在這些領域的公共辯論當中都有許多可以貢獻的東西。由於他們經常接觸社會生活的各種模型，其中捕捉了各式各樣的行為與社會結果，因此他們也許比其他社會科學家更能夠察覺社會進步的可能性。*不過，他們必須意識到自己一旦扮演這種角色，就無可避免地踏出到經濟學明確定義的科學界線之外。因此，他們必須清楚表明這一點，否則就不免遭人批評為逾越自身的專業，把自己的價值判斷冒充為科學。

經濟學提供了許多踏腳石與分析工具，能夠處理我們這個時代的重大公共議題。至於經濟學所沒有提供的，則是確切而且普遍適用的答案。從經濟學本體學科當中得到的結果，必須和具有道德、政治或實用本質的價值觀、判斷以及評估互相結合。後者這些要素和經濟學雖然沒什麼關係，與現實卻是密不可分。

* 這就是偉大的經濟學家暨社會科學家赫緒曼終其一生一再提倡的「可能論」。他反對社會科學中常見的決定論觀點，也就是把結果視為受制於「結構」條件而無可改變的看法。他的主張是，觀念與細微行為的力量具有決定性的效果。列普尼斯（Philipp H. Lepenies），〈可能論：由赫緒曼的人生與成就推衍而來的問題解決做法〉（"Possibilism: An Approach to Problem-Solving Derived from the Life and Work of Albert O. Hirschman," *Development and Change* 39, no. 3（May 2008）: 437–59）。

後記

關於經濟學的二十誡

經濟學家的十誡

一、經濟學是眾多模型的集合；要珍惜那些模型的多元性。

二、每個模型都只是一個模型，而不是**唯一**的模型。

三、你的模型必須要簡單得足以隔離出特定肇因及其運作方式，但不能簡單到省略了各個肇因之間的關鍵互動。

四、可以有不真實的假設；但不能有不真實的**關鍵**假設。

五、這個世界（幾乎）永遠都是次優的。

六、要把一個模型套用在真實世界上，需要明確的經驗性診斷，這種做法比較是一種技藝，而不是科學。
七、不要把經濟學家的一致意見誤認為是對世界如何運作的確切理解。
八、面對經濟或政策的問題，回答「我不知道」是可以接受的。
九、效率不是一切。
十、以你的價值觀取代大眾的價值觀，是濫用專業的行為。

非經濟學家的十誡

一、經濟學是各種沒有預先結論的模型所構成的集合；其他任何主張都不值得採信。
二、面對經濟學家的模型，不要因為其中的假設而予以批評；應該問的是，如果若干看起來有問題的假設變得比較真實，結果會出現什麼樣的改變？
三、分析需要簡單性；對於冒充為複雜性的條理混亂要提高警覺。
四、不要被數學嚇到了；經濟學家使用數學不是因為他們比較聰明，而是因為他們不夠聰明。

五、如果有一名經濟學家提出建議，就要問他／她憑什麼確信該項建議背後的模型適用於當下的這個案例。

六、經濟學家如果使用「經濟福利」一詞，一定要問他／她這麼說是什麼意思。

七、對於在公共場合與研討室裡言論不一的經濟學家要提高警覺。

八、經濟學家不（完全）崇拜市場，但他們比你更清楚市場的運作方式。

九、你如果認為所有的經濟學家想法都類似，請去聽聽他們的講座。

十、你如果認為經濟學家對非經濟學家特別無禮，請去聽聽他們的講座。

注釋

引言：經濟觀念的運用與誤用

1. R. Preston McAfee and John McMillan, "Analyzing the Airwaves Auction," *Journal of Economic Perspectives* 10, no. 1（Winter 1996）: 159–75; Alvin E. Roth and Elliott Peranson, "The Redesign of the Matching Market for American Physicians: Some Engineering Aspects of Economic Design," *American Economic Review* 89, no. 4（1999）: 748–80; Louis Kaplow and Carl Shapiro, *Antitrust*, NBER Working Paper 12867（Cambridge, MA: National Bureau of Economic Research, 2007）; Ben Bernanke et al., *Inflation Targeting: Lessons from International Experience*（Princeton, NJ: Princeton

University Press, 1999).

2. Steven D. Levitt and Stephen J. Dubner, *Freakonomics: A Rogue Economist Explores the Hidden Side of Everything*(New York: William Morrow, 2005).

第一章：模型的用途

1 Ha-Joon Chang, *Economics: The User Guide*(London: Pelican Books, 2014), 3.

2. David Card and Alan Krueger, *Myth and Measurement: The New Economics of the Minimum Wage*(Princeton, NJ: Princeton University Press, 1997).

3. Dani Rodrik and Arvind Subramanian, "Why Did Financial Globalization Disappoint?" IMF Staff Papers 56, no. 1(March 2009): 112–38.

4. Daniel Leigh et al., "Will It Hurt? Macroeconomic Effects of Fiscal Consolidation," in *World Economic Outlook*(Washington, DC: International Monetary Fund, 2010), 93–124, http://www.imf.org/external/pubs/ft/weo/2010/02/pdf/c3.pdf.

5. Ariel Rubinstein, "Dilemmas of an Economic Theorist," *Econometrica* 74, no. 4(July 2006): 881.

6. Allan Gibbard and Hal R. Varian, "Economic Models," *Journal of Philosophy* 75, no. 11（November 1978）: 666.
7. Nancy Cartwright, "Models: Fables v. Parables," *Insights*（Durham Institute of Advanced Study）1, no. 11（2008）.
8. 我所指的哥倫比亞研究，是Joshua Angrist, Eric Bettinger與Michael Kremer的著名論文："Long-Term Educational Consequences of Secondary School Vouchers: Evidence from Administrative Records in Colombia," *American Economic Review* 96, no. 3（2006）: 847–62.
9. Nancy Cartwright and Jeremy Hardie, *Evidence-Based Policy: A Practical Guide to Doing It Better*（Oxford: Oxford University Press, 2012）.
10. Milton Friedman, "The Methodology of Positive Economics," in *Essays in Positive Economics*（Chicago: University of Chicago Press, 1953）.
11. Paul Pfleiderer, "Chameleons: The Misuse of Theoretical Models in Finance and Economics"（unpublished paper, Stanford University, 2014）.
12. See Gibbard and Varian, "Economic Models," 671.
13. Nancy Cartwright, *Hunting Causes and Using Them: Approaches in Philosophy and*

Economics (Cambridge: Cambridge University Press, 2007) , 217.

14. Thomas C. Schelling, *The Strategy of Conflict* (Cambridge, MA: Harvard University Press, 1960) ; Schelling, Micromotives and Macrobehavior (New York: W. W. Norton, 1978) .

15. Diego Gambetta, "'Claro!' An Essay on Discursive Machismo," in *Deliberative Democracy*, ed. Jon Elster (Cambridge: Cambridge University Press, 1998) , 24.

16. Marialaura Pesce, "The Veto Mechanism in Atomic Differential Information Economies," *Journal of Mathematical Economics* 53 (2014) : 33–45.

17. Jon Elster, *Explaining Social Behavior: More Nuts and Bolts for the Social Sciences* (Cambridge: Cambridge University Press, 2007) , 461.

18. Golden Goose Award, "Of Geese and Game Theory: Auctions, Airwaves—and Applications," *Social Science Space*, July 17, 2014, http://www.socialsciencespace.com/2014/07/of-geese-and-game-theory-auctions-airwaves-and-applications.

19. Friedman, "Methodology of Positive Economics."

20. Alex Pertland, *Social Physics: How Good Ideas Spread—The Lessons from a New Science* (New York: Penguin, 2014) , 11.

21. Duncan J. Watts, Everything Is Obvious: Once You Know the Answer (New York: Random

House, 2011）, Kindle edition, locations 2086–92.

22. Jorge Luis Borges, "On Exactitude in Science," in *Collected Fictions*, trans. Andrew Hurley（New York: Penguin, 1999）.

23. Uskali Mäki, "Models and the Locus of Their Truth" *Synthese* 180（2011）: 47–63.

第二章：經濟模型的科學

1. John Maynard Keynes, *Essays in Persuasion*（New York: W. W. Norton, 1963）, 358–73.

2. Adam Smith, *An Inquiry into the Nature and Causes of the Wealth of Nations*, 5th ed.（1789; repr., London: Methuen, 1904）, I.ii.2.

3. 鉛筆的例子基於Leonard E. Read的一篇文章："I, Pencil: My Family Tree as Told to Leonard E. Read"（Irvingtonon-Hudson, NY: Foundation for Economic Education, 1958）, http://www.econlib.org/library/Essays/rdPncl1.html.

4. Kenneth J. Arrow, "An Extension of the Basic Theorems of Classical Welfare Economics," in *Proceedings of the Second Berkeley Symposium on Mathematical Statistics and Probability*, ed. J. Neyman（Berkeley: University of California Press, 1951）, 507–32; Gerard Debreu,

"The Coefficient of Resource Utilization," *Econometrica* 19 (July 1951): 273–92.

5. Paul Samuelson, "The Past and Future of International Trade Theory," in *New Directions in Trade Theory*, eds. A. Deardorff, J. Levinsohn, and R. M. Stern (Ann Arbor, MI: University of Michigan Press, 1995), 22.

6. David Ricardo, *On the Principles of Political Economy and Taxation* (London: John Murray, 1817), chap. 7.

7. Dani Rodrik, *The Globalization Paradox: Democracy and the Future of the World Economy* (New York: W. W. Norton, 2011), chap. 3.

8. David Ricardo, *On the Principles of Political Economy and Taxation*, 3rd ed. (London: John Murray, 1821), chap. 7, para. 7.17, http://www.econlib.org/library/Ricardo/ricP2a.html.

9. David Card, "The Impact of the Mariel Boatlift on the Miami Labor Market," *Industrial and Labor Relations Review* 43, no. 2 (January 1990): 245–57; George J. Borjas, "Immigration," in *The Concise Encyclopedia of Economics*, http://www.econlib.org/library/Enc1/Immigration.html, accessed December 31, 2014; Örn B. Bodvarsson, Hendrik F. Van den Berg, and Joshua J. Lewer, "Measuring Immigration's Effects on Labor Demand: A Reexamination of the Mariel Boatlift" (University of Nebraska—Lincoln, Economics

Department Faculty Publications, August 2008).

10. James E. Meade, *The Theory of International Economic Policy*, vol. 2, *Trade and Welfare* (London: Oxford University Press, 1955); Richard G. Lipsey and Kelvin Lancaster, "The General Theory of Second Best," *Review of Economic Studies* 24, no. 1 (1956–57): 11–32.

11. Avinash Dixit, "Governance Institutions and Economic Activity," *American Economic Review* 99, no. 1 (2009): 5–24.

12. Thomas C. Schelling, *The Strategy of Conflict* (Cambridge, MA: Harvard University Press, 1960); Schelling, *Micromotives and Macrobehavior* (New York: W. W. Norton, 1978).

13. 有一項具備實際應用的絕佳討論，見Avinash K. Dixit and Barry J. Nalebuff, *The Art of Strategy* (New York: W. W. Norton, 2008).

14. Joseph E. Stiglitz and Andrew Weiss, "Credit Rationing in Markets with Imperfect Information," *American Economic Review* 71, no. 3 (June 1981): 393–410.

15. Andrew Weiss, *Efficiency Wages: Models of Unemployment, Layoffs, and Wage Dispersion* (Princeton, NJ: Princeton University Press, 1990).

16. Itzhak Gilboa, Andrew Postlewaite, Larry Samuelson, and David Schmeidler, "Economic Models as Analogies" (unpublished paper, January 27, 2013), 6–7.

17. 舉例而言，見我應《經濟學人》雜誌之邀而與哈佛商學院教授Josh Lerner進行的線上辯論：July 12–17, 2010, http://www.economist.com/debate/debates/overview/177.
18. Carmen M. Reinhart and Kenneth S. Rogoff, *Growth in a Time of Debt,* NBER Working Paper 15639（Cambridge, MA: National Bureau of Economic Research, 2010）.
19. Thomas Herndon, Michael Ash, and Robert Pollin, "Does High Public Debt Consistently Stifle Economic Growth? A Critique of Reinhart and Rogoff"（Amherst: University of Massachusetts at Amherst, Political Economy Research Institute, April 15, 2013）.
20. R. E. Peierls, "Wolfgang Ernst Pauli, 1900–1958," *Biographical Memoirs of Fellows of the Royal Society* 5（February 1960）: 186.
21. Albert Einstein, "Physics and Reality," in *Ideas and Opinions of Albert Einstein*, trans. Sonja Bargmann（New York: Crown, 1954）, 290, cited in Susan Haack, "Science, Economics, 'Vision,' " *Social Research* 71, no. 2（Summer 2004）: 225.

第三章：探索各種不同的模型

1. David Colander and Roland Kupers, *Complexity and the Art of Public Policy*（Princeton, NJ:

Princeton University Press, 2014）, 8.

2. Dani Rodrik, "Goodbye Washington Consensus, Hello Washington Confusion?: A Review of the World Bank' s Economic Growth in the 1990s: Learning from a Decade of Reform," *Journal of Economic Literature* 44, no. 4（December 2006）: 973–87.

3. Ricardo Hausmann, Dani Rodrik, and Andres Velasco, "Growth Diagnostics," in *The Washington Consensus Reconsidered: Towards a New Global Governance*, eds. J. Stiglitz and N. Serra（New York: Oxford University Press, 2008）.

4. 有一部著作仔細解釋了這項過程，並且列舉許多國家的例子，見Ricardo Hausmann, Bailey Klinger, and Rodrigo Wagner, *Doing Growth Diagnostics in Practice: A "Mindbook"*, CID Working Paper 177（Cambridge, MA: Center for International Development at Harvard University, 2008）.

5. Ricardo Hausmann, *Final Recommendations of the International Panel on ASGISA*, CID Working Paper 161（Cambridge, MA: Center for International Development at Harvard University, 2008）.

6. Ricardo Hausmann and Dani Rodrik, "Self-Discovery in a Development Strategy for El Salvador," *Economia: Journal of the Latin American and Caribbean Economic Association*

6, no. 1（Fall 2005）: 43–102.

7. Douglass C. North and Robert Paul Thomas, *The Rise of the Western World: A New Economic History*（Cambridge: Cambridge University Press, 1973）.

8. Rochelle M. Edge and Refet S. Gürkaynak, *How Useful Are Estimated DSGE Model Forecasts?* Finance and Economics Discussion Series（Washington, DC: Divisions of Research & Statistics and Monetary Affairs, Federal Reserve Board, 2011）.

9. Barry Nalebuff, "The Hazards of Game Theory," *Haaretz*, May 17, 2006, http://www.haaretz.com/business/economy-finance/the-hazards-of-game-theory-1.187939. See also Avinash Dixit and Barry Nalebuff, *Thinking Strategically: The Competitive Edge in Business, Politics, and Everyday Life*（New York: W. W. Norton, 1993）, chap 1.

10. Santiago Levy, *Progress against Poverty: Sustaining Mexico's Progresa-Oportunidades Program*（Washington, DC: Brookings Institution, 2006）.

11. *Mexico—PROGRESA: Breaking the Cycle of Poverty*（Washington, DC: International Food Policy Research Institute, 2002）, http://www.ifpri.org/sites/default/files/pubs/pubs/ib/ib6.pdf.

12. Edward Miguel and Michael Kremer, "Worms: Identifying Impacts on Education and Health

in the Presence of Treatment Externalities," *Econometrica* 72, no. 1（2004）: 159–217.

13. Esther Duflo, Rema Hanna, and Stephen P. Ryan, "Incentives Work: Getting Teachers to Come to School," *American Economic Review* 102, no. 4（June 2012）: 1241–78.

14. David Roodman, "Latest Impact Research: Inching towards Generalization," Consultative Group to Assist the Poor（CGAP）, April 11, 2012, http://www.cgap.org/blog/latest-impact-research-inching-towards-generalization.

15. Joshua D. Angrist, "Lifetime Earnings and the Vietnam Era Draft Lottery: Evidence from Social Security Administrative Records," *American Economic Review* 80, no. 3（June 1990）: 313–36.

16. Donald R. Davis and David E. Weinstein, "Bones, Bombs, and Break Points: The Geography of Economic Activity," *American Economic Review* 92, no. 5（2002）: 1269–89.

17. David R. Cameron, "The Expansion of the Public Economy: A Comparative Analysis," *American Political Science Review* 72, no. 4（December 1978）: 1243–61.

18. Dani Rodrik, "Why Do More Open Economies Have Bigger Governments?" *Journal of Political Economy* 106, no. 5（October 1998）:.997–1032.

19. Robert Sugden, "Credible Worlds, Capacities and Mechanisms"（unpublished paper, School

of Economics, University of East Anglia, August 2008）.

第四章：模型與理論

1. Andrew Gelman, “Causality and Statistical Learning,” *American Journal of Sociology* 117（2011）: 955–66; Andrew Gelman and Guido Imbens, *Why Ask Why? Forward Causal Inference and Reverse Causal Questions*, NBER Working Paper 19614（Cambridge, MA: National Bureau of Economic Research, 2013）.
2. Dani Rodrik, “Democracies Pay Higher Wages,” *Quarterly Journal of Economics* 114, no. 3（August 1999）: 707–38.
3. Thomas Piketty, Emmanuel Saez, and Stefanie Stantcheva, *Optimal Taxation of Top Labor Incomes: A Tale of Three Elasticities*, NBER Working Paper 17616（Cambridge, MA: National Bureau of Economic Research, 2011）.
4. J. R. Hicks, “Mr. Keynes and the ‘Classics’ : A Suggested Interpretation,” *Econometrica* 5, no. 2（April 1937）: 147–59.
5. John M. Keynes, “The General Theory of Employment,” *Quarterly Journal of Economics* 51,

no. 2 (February 1937): 209–23, cited by J. Bradford DeLong in "Mr. Hicks and 'Mr Keynes and the "Classics": A Suggested Interpretation': A Suggested Interpretation," June 20, 2010, http://delong.typepad.com/sdj/2010/06/mr-hicks-and-mr-keynes-and-theclassics-a-suggested-interpretation-a-suggested-interpretation.html.

6. Robert E. Lucas and Thomas Sargent, "After Keynesian Macroeconomics," *Federal Reserve Bank of Minneapolis Quarterly Review* 3, no. 2 (Spring 1979): 1–18.

7. John H. Cochrane, "Lucas and Sargent Revisited," *The Grumpy Economist* (blog), July 17, 2014, http://johnhcochrane.blogspot.jp/2014/07/lucas-and-sargent-revisited.html.

8. Robert E. Lucas Jr., "Macroeconomic Priorities," *American Economic Review* 93, no. 1 (March 2003): 1–14.

9. Robert E. Lucas, "Why a Second Look Matters" (presentation at the Council on Foreign Relations, New York, March 30, 2009), http://www.cfr.org/world/why-second-look-matters/p18996.

10. Holman W. Jenkins Jr., "Chicago Economics on Trial" (interview with Robert E. Lucas), *Wall Street Journal*, September 24, 2011, http://online.wsj.com/news/articles/SB10001424053111904194604576583382550849232.

11. Paul Krugman, "The Stimulus Tragedy," *New York Times*, February 20, 2014, http://www.nytimes.com/2014/02/21/opinion/krugmanthe-stimulus-tragedy.html.

12. J. Bradford DeLong and Lawrence H. Summers, "Fiscal Policy in a Depressed Economy," *Brookings Papers on Economic Activity*, Spring 2012, 233–74.

13. Edward P. Lazear and James R. Spletzer, "The United States Labor Market: Status Quo or a New Normal?"（paper prepared for the Kansas City Fed Symposium, September 13, 2012）.

14. Scott R. Baker, Nicholas Bloom, and Steven J. Davis, "Measuring Economic Policy Uncertainty"（unpublished paper, Stanford University, June 13, 2013）; Daniel Shoag and Stan Veuger, "Uncertainty and the Geography of the Great Recession"（unpublished paper, John F. Kennedy School of Government, Harvard University, February 25, 2014）.

15. 數據取自美國人口普查局，見 "Income Gini Ratio for Households by Race of Householder, All Races," FRED Economic Data, Federal Reserve Bank of St. Louis, http://research.stlouisfed.org/fred2/series/GINIALLRH#, accessed July 24, 2014.

16. The World Top Incomes Database, http://topincomes.parisschoolofeconomics.eu/#Database, accessed July 24, 2014.

17. Edward E. Leamer, *Wage Effects of a U.S.–Mexican Free Trade Agreement*, NBER Working

Paper 3991 (Cambridge, MA: National Bureau of Economic Research, 1992) , 1.

18. Eli Berman, John Bound, and Zvi Griliches, "Changes in the Demand for Skilled Labor within US Manufacturing: Evidence from the Annual Survey of Manufacturers," *Quarterly Journal of Economics* 109, no. 2 (1994) : 367–97.

19. Robert C. Feenstra and Gordon H. Hanson, "Foreign Direct Investment and Relative Wages: Evidence from Mexico' s Maquiladoras," *Journal of International Economics* 42 (1997) : 371–94.

20. Frank Levy and Richard J. Murnane, "U.S. Earnings and Earnings Inequality: A Review of Recent Trends and Proposed Explanations," *Journal of Economic Literature* 30 (September 1992) : 1333–81; John Bound and George Johnson, "Changes in the Structure of Wages in the 1980s: An Evaluation of Alternative Explanations," *American Economic Review* 83 (June 1992) : 371–92.

21. Lawrence Mishel, John Schmitt, and Heidi Shierholz, "Assessing the Job Polarization Explanation of Growing Wage Inequality," Economic Policy Institute, January 11, 2013, http://www.epi.org/publication/wp295-assessing-job-polarization-explanation-wage-inequality.

22. Albert O. Hirschman, "The Search for Paradigms as a Hindrance to Understanding," *World Politics* 22, no. 3（April 1970）: 329–43.

第五章：經濟學家如果出錯

1. Thomas J. Sargent, "University of California at Berkeley Graduation Speech," May 16, 2007, https://files.nyu.edu/ts43/public/personal/UC_graduation.pdf.
2. Noah Smith, "Not a Summary of Economics," *Noahpinion*（blog）, April 19, 2014, http://noahpinionblog.blogspot.com/2014/04/notsummary-of-economics.html; Paul Krugman, "No Time for Sargent," *New York Times* Opinion Pages, April 21, 2014, http://krugman.blogs.nytimes.com/2014/04/21/no-time-for-sargent/?module=BlogPost-Title&version=Blog%20Main&contentCollection=Opinion&action=Click&pgtype=Blogs&region=Body.
3. Greg Mankiw, "News Flash: Economists Agree," February 14, 2009, *Greg Mankiw's Blog*, http://gregmankiw.blogspot.com/2009/02/news-flash-economists-agree.html.
4. Richard A. Posner, "Economists on the Defensive—Robert Lucas," *Atlantic*, August 9, 2009, http://www.theatlantic.com/business/archive/2009/08/economists-on-the-defensive-robert-

lucas/22979.

5. Robert Shiller, *Irrational Exuberance*, 2nd ed.（Princeton, NJ: Princeton University Press, 2005）.

6. Raghuram G. Rajan, “The Greenspan Era: Lessons for the Future”（remarks at a symposium sponsored by the Federal Reserve Bank of Kansas City, Jackson Hole, WY, August 27, 2005）, https://www.imf.org/external/np/speeches/2005/082705.htm; Charles Ferguson, “Larry Summers and the Subversion of Economics,” *Chronicle of Higher Education*, October 3, 2010, http://chronicle.com/article/Larry-Summersthe/124790.

7. Eugene F. Fama, “Efficient Capital Markets: A Review of Theory and Empirical Work,” *Journal of Finance* 25, no. 2（May 1970）: 383–417.

8. Edmund L. Andrews, “Greenspan Concedes Error on Regulation,” *New York Times*, October 23, 2008, http://www.nytimes.com/2008/10/24/business/economy/24panel.html?_r=0.

9. John Williamson, “A Short History of the Washington Consensus”（paper commissioned by Fundación CIDOB for the conference “From the Washington Consensus towards a New Global Governance,” Barcelona, September 24–25, 2004）.

10. Dani Rodrik, “Goodbye Washington Consensus, Hello Washington Confusion?: A Review of

the World Bank' s *Economic Growth in the 1990s: Learning from a Decade of Reform,"* *Journal of Economic Literature* 44, no. 4 (December 2006) : 973–87.

11. Dani Rodrik, "Getting Interventions Right: How South Korea and Taiwan Grew Rich," *Economic Policy* 10, no. 20 (1995) : 53–107; Rodrik, "Second-Best Institutions," *American Economic Review* 98, no. 2 (May 2008) : 100–104.

12. Stanley Fischer, "Capital Account Liberalization and the Role of the IMF," September 19, 1997, https://www.imf.org/external/np/speeches/1997/091997.htm#1.

13. "The Liberalization and Management of Capital Flows: An Institutional View," International Monetary Fund, November 14, 2012, http://www.imf.org/external/np/pp/eng/2012/111412.pdf.

14. Edward López and Wayne Leighton, *Madmen, Intellectuals, and Academic Scribblers: The Economic Engine of Political Change* (Stanford, CA: Stanford University Press, 2012) .

15. Francisco Rodríguez and Dani Rodrik, "Trade Policy and Economic Growth: A Skeptic' s Guide to the Cross-National Evidence," in *Macroeconomics Annual* 2000, eds. Ben Bernanke and Kenneth S. Rogoff (Cambridge, MA: MIT Press for NBER, 2001) .

16. Mankiw, "News Flash: Economists Agree."

17. Mark R. Rosenzweig and Kenneth I. Wolpin, "Natural 'Natural Experiments' in Economics," *Journal of Economic Literature* 38, no. 4（December 2000）: 827–74.

18. Dani Rodrik, *The Globalization Paradox: Democracy and the Future of the World Economy*（New York: W. W. Norton, 2011）, chap. 6. See also Rodrik, "In Praise of Foxy Scholars," Project Syndicate, March 10, 2014, http://www.project-syndicate.org/commentary/dani-rodrik-on-the-promise-and-peril-of-social-science-models.

第六章：經濟學及其批評者

1. David Colander, Richard F. Holt, and J. Barkley Rosser, "The Changing Face of Mainstream Economics," *Review of Political Economy* 16, no. 4（October 2004）: 487.

2. 關於經濟學家與人類學家的觀點差異，有一部著作提供了充分的概述，見Pranab Bardhan and Isha Ray, *Methodological Approaches in Economics and Anthropology*, Q-Squared Working Paper 17（Toronto: Centre for International Studies, University of Toronto, 2006）.

3. 這項研究的例子可見於Samuel Bowles, "Endogenous Preferences: The Cultural

Consequences of Markets and Other Economic Institutions," *Journal of Economic Literature* 26（1998）: 75–111; George A. Akerlof and Rachel E. Kranton *Identity Economics: How Our Identities Shape Our Work, Wages, and Well-Being*（Princeton, NJ: Princeton University Press, 2010）; Alberto Alesina and George-Marios Angeletos, "Fairness and Redistribution," *American Economic Review* 95, no. 4（2005）: 960–80; Alberto Alesina, Edward Glaeser, and Bruce Sacerdote, "Why Doesn' t the United States Have a European-Style Welfare State?" *Brookings Papers on Economic Activity*, no. 2（2001）: 187–254; Raquel Fernandez, "Cultural Change as Learning: The Evolution of Female Labor Force Participation over a Century," *American Economic Review* 103, no. 1（2013）: 472–500; Roland Bénabou, Davide Ticchi, and Andrea Vindigni, "Forbidden Fruits: The Political Economy of Science, Religion, and Growth"（unpublished paper, Princeton University, December 2013）.

4. Neil Gandal et al., "Personal Value Priorities of Economists," *Human Relations* 58, no. 10（October 2005）: 1227–52; Bruno S. Frey and Stephan Meier, "Selfish and Indoctrinated Economists?" *European Journal of Law and Economics* 19（2005）: 165–71.

5. Michael J. Sandel, "What Isn' t for Sale?" *Atlantic*, April 2012, http://www.theatlantic.com/magazine/archive/2012/04/what-isnt-forsale/308902. See also Sandel, *What Money Can't*

Buy: The Moral Limits of Markets（New York: Farrar, Straus and Giroux, 2012）.

6. Uri Gneezy and Aldo Rustichini, "A Fine Is a Price," *Journal of Legal Studies* 29, no. 1（January 2000）: 1–17; Samuel Bowles, "Machiavelli' s Mistake: Why Good Laws and No Substitute for Good Citizens"（unpublished manuscript, 2014）.

7. Sandel, "What Isn' t for Sale?"

8. Albert O. Hirschman, *The Passions and the Interest: Political Arguments for Capitalism before Its Triumph*（Princeton, NJ: Princeton University Press, 1977）; see also Hirschman, "Rival Interpretations of Market Society: Civilizing, Destructive, or Feeble?" *Journal of Economic Literature* 20（December 1982）: 1463–84.

9. Dani Rodrik, "Occupy the Classroom," Project Syndicate, December 12, 2011, http://www.project-syndicate.org/commentary/occupy-the-classroom.

10. Simon Wren-Lewis, "When Economics Students Rebel," *Mainly Macro*（blog）, April 24, 2014, http://mainlymacro.blogspot.co.uk-2014-04-when=economocs=students=rebel.html.

11. Herbert A. Simon, "A Behavioral Model of Rational Choice," *Quarterly Journal of Economics* 69（February 1955）: 99–118; Richard R. Nelson and Sidney G. Winter, *An Evolutionary Theory of Economic Change*（Cambridge, MA: Belknap Press of Harvard

University Press, 1982).

12. Daniel Kahneman, Paul Slovic, and Amos Tversky, *Judgement under Uncertainty: Heuristics and Biases* (Cambridge: Cambridge University Press, 1982).

13. Werner F. M. De Bondt and Richard Thaler, "Does the Stock Market Overreact?" *Journal of Finance* 40, no. 3 (1985): 793–805.

14. David Laibson, "Golden Eggs and Hyperbolic Discounting," Quarterly Journal of Economics 112, no. 2 (1997): 443–77; Brigitte C. Madrian and Dennis F. Shea, "The Power of Suggestion: Inertia in 401(k) Participation and Savings Behavior," *Quarterly Journal of Economics* 116, no. 4 (2000): 1149–87; Jeffrey Liebman and Richard Zeckhauser, *Simple Humans, Complex Insurance, Subtle Subsidies*, NBER Working Paper 14330 (Cambridge, MA: National Bureau of Economic Research, 2008); Esther Duflo, Michael Kremer, and Jonathan Robinson, *Nudging Farmers to Use Fertilizer: Theory and Experimental Evidence from Kenya*, NBER Working Paper 15131 (Cambridge, MA: National Bureau of Economic Research, 2009).

15. 舉例而言，見Angus Deaton, "Instruments of Development: Randomization in the Tropics, and the Search for the Elusive Keys to Economic Development" (Research Program in

Development Studies, Center for Health and Wellbeing, Princeton University, January 2009）.

16. Daron Acemoglu, Simon Johnson, and James A. Robinson, "The Colonial Origins of Comparative Development: An Empirical Investigation," *American Economic Review* 91, no. 5（December 2001）: 1369–1401.

17. 對於這項研究的綜論可見於Daron Acemoglu and James Robinson, *Why Nations Fail: The Origins of Power, Prosperity, and Poverty*（New York: Crown, 2012）.

18. Binyamin Appelbaum, "Q. and A. with Jean Tirole, Economics Nobel Winner," *New York Times*, October 14, 2014（http://www.nytimes.com/2014/10/15/upshot/q-and-a-with-jean-tirole-nobel-prize-winner.html?_r=0&abt=0002&abg=0）.

19. 有幾篇文章為此提供了例子，收錄於Paul Rabinow and William M. Sullivan, eds., *Interpretive Social Science: A Second Look*（Berkeley: University of California Press, 1987）.

藍 書系

知識共同體 25

經濟學好厲害：如果沒有誤用的話

Economics Rules: The Rights and Wrongs of the Dismal Science

作者	丹尼・羅德里克（Dani Rodrik）
譯者	陳信宏
總編輯	莊瑞琳
責任編輯	吳崢鴻
封面設計	廖韡
排版	藍天圖物宣字社
社長	郭重興
發行人兼出版總監	曾大福
出版	衛城出版 / 遠足文化事業股份有限公司
發行	遠足文化事業股份有限公司
地址	23141 新北市新店區民權路 108-2 號九樓
電話	02-22181417
傳真	02-86671065
客服專線	0800-221029
法律顧問	華洋國際專利商標事務所 蘇文生律師
製版	瑞豐電腦製版印刷股份有限公司
初版	2018 年 2 月
定價	330 元

經濟學好厲害：如果沒有誤用的話 / 丹尼.羅德里克（Dani Rodrik）著；陳信宏譯. -- 初版. -- 新北市：衛城, 遠足文化, 2018.02
面； 公分. --（藍書系；25）
譯自：Economics rules : the rights and wrongs of the dismal science
ISBN 978-986-96048-1-9（平裝）

1. 經濟史

550.9 107000355

填寫本書線上回函

ACRO POLIS 衛城出版

Email acropolis@bookrep.com.tw
Blog www.acropolis.pixnet.net/blog
Facebook www.facebook.com/acropolispublish

● 親愛的讀者你好，非常感謝你購買衛城出版品。
我們非常需要你的意見，請於回函中告訴我們你對此書的意見，
我們會針對你的意見加強改進。

若不方便郵寄回函，歡迎傳真回函給我們。傳真電話—— 02-2218-1142

或是到「衛城出版 FACEBOOK」留言
http://www.facebook.com/acropolispublish

● 讀者資料

你的性別是 □ 男性 □ 女性 □ 其他

你的職業是 ________________ 你的最高學歷是 ________________

年齡 □20歲以下 □21～30歲 □31～40歲 □41～50歲 □51～60歲 □60歲以上

若你願意留下 e-mail，我們將優先寄送________________衛城出版相關活動訊息與優惠活動

● 購書資料

● 請問你是從哪裡得知本書出版訊息？（可複選）
□ 實體書店 □ 網路書店 □ 報紙 □ 電視 □ 網路 □ 廣播 □ 雜誌 □ 朋友介紹
□ 參加講座活動 □ 其他 ________

● 是在哪裡購買的呢？（單選）
□ 實體連鎖書店 □ 網路書店 □ 獨立書店 □ 傳統書店 □ 團購 □ 其他 ________

● 讓你燃起購買慾的主要原因是？（可複選）
□ 對此類主題感興趣
□ 覺得書籍設計好美，看起來好有質感！
□ 議題好熱，好像很多人都在看，我也想知道裡面在寫什麼
□ 其他 ________
□ 參加講座後，覺得好像不賴
□ 價格優惠吸引我
□ 其實我沒有買書啦！這是送（借）的

● 如果你覺得這本書還不錯，那它的優點是？（可複選）
□ 內容主題具參考價值 □ 文筆流暢 □ 書籍整體設計優美 □ 價格實在 □ 其他 ________

● 如果你覺得這本書讓你好失望，請務必告訴我們它的缺點（可複選）
□ 內容與想像中不符 □ 文筆不流暢 □ 印刷品質差 □ 版面設計影響閱讀 □ 價格偏高 □ 其他 ________

● 大都經由哪些管道得到書籍出版訊息？（可複選）
□ 實體書店 □ 網路書店 □ 報紙 □ 電視 □ 網路 □ 廣播 □ 親友介紹 □ 圖書館 □ 其他 ________

● 習慣購書的地方是？（可複選）
□ 實體連鎖書店 □ 網路書店 □ 獨立書店 □ 傳統書店 □ 學校團購 □ 其他 ________

● 如果你發現書中錯字或是內文有任何需要改進之處，請不吝給我們指教，我們將於再版時更正錯誤

____
____
____
____
____

請沿虛線剪下

廣告回信
臺灣北區郵政管理局登記證
第 1 4 4 3 7 號

請直接投郵•郵資由本公司支付

23141
新北市新店區民權路108-2號九樓

衛城出版 收

● 請沿虛線對折裝訂後寄回, 謝謝!

ACRO POLIS 衛城出版

藍 書系
知識共同體

ACRO
POLIS
衛城
出版

ACRO
POLIS
衛城
出版